KSIĄŻKA KUCHENNA Z SAŁATKAMI RĘCZNIE ROBIONE ANTIPASTO

100 inspiracji na sałatki z antipasto z wybrzeży Włoch, Grecji i nie tylko

Radosław Sikorski

Prawa autorskie ©2024

Wszelkie prawa zastrzeżone

Żadna część tej książki nie może być wykorzystywana ani rozpowszechniana w jakiejkolwiek formie i w jakikolwiek sposób bez odpowiedniej pisemnej zgody wydawcy i właściciela praw autorskich, z wyjątkiem krótkich cytatów użytych w recenzji. Niniejsza książka nie powinna być traktowana jako substytut porady lekarskiej, prawnej lub innej porady zawodowej.

SPIS TREŚCI

SPIS TREŚCI 3
WSTĘP 6
SAŁATKI Z RYB I OWOCÓW MORZA 7
   1. Sałatka z antipasto i tuńczykiem 8
   2. Sałatka śródziemnomorska z tuńczykiem i antipasto 10
   3. Sałatka Antipasto z owocami morza śródziemnomorskiego 12
   4. Włoska sałatka antipasto z krewetkami i przegrzebkami 14
   5. Sałatka Antipasto z wędzonym łososiem i awokado 16
   6. Sałatka Antipasto z grillowaną ośmiornicą i ziemniakami 18
SAŁATKI WARZYWNE 20
   7. Miska sałatkowa z włoskim antipasto 21
   8. Sałatka z grillowanymi warzywami i antipasto 23
   9. Sałatka Antipasto ze świeżym ogrodem 25
   10. Sałatka Antipasto inspirowana kuchnią grecką 27
   11. Sałatka Caprese Antipasto 29
SAŁATKI WĘDNIOWE 31
   12. Toskańska sałatka z antipasto 32
   13. Sałatka z antipasto na imprezę 34
   14. Deska serów z przystawkami Antipasto 36
   15. Sałatka Wonton z antipasto 38
   16. Sałatka Hiszpańska Chorizo i Manchego Antipasto 40
   17. Francuska sałatka z wędlinami i antipasto 42
   18. Sałatka Antipasto z wędlinami inspirowanymi kuchnią grecką 44
   19. Rustykalna sałatka z wędlinami i antipasto 46
   20. Sałatka Antipasto z Melonem Zawijanym w Prosciutto 48
SAŁATKI MAKARONOWE 50
   21. Sałatka z pikantnym serem Cheddar Fusilli 51
   22. Włoska sałatka na zimno z makaronem i salami 53
   23. Sałatka na zimno z indykiem i żurawiną 55
   24. Sałatka na zimno z makaronem, szynką i serem Cheddar 57
   25. Sałatka Cezar z kurczakiem i makaronem na zimno 59
   26. Sałatka grecka z makaronem Orzo i mięsem Gyro 61
   27. Sałatka z pieczonej wołowiny i makaronu Cheddar 63
   28. Sałatka z makaronem na zimno i kurczakiem z bekonem 65
   29. Włoska sałatka z makaronem Antipasto 67
   30. Sałatka z makaronem wędzonym indykiem i awokado 69
   31. Sałatka z grillowaną kiełbasą i makaronem warzywnym 71
   32. Sałatka z zimnym makaronem z krewetkami i awokado 73
   33. Sałatka z pastrami i szwajcarskim zimnym makaronem 75
   34. Sałatka z makaronem na zimno z tuńczykiem i białą fasolą 77

35. Sałatka BBQ z kurczakiem i makaronem kukurydzianym 79
36. Włoska Sałatka Makaronowa z Kiełbasą i Papryką 81
37. Sałatka z makaronem naśladowczym Ruby Wtorek 83
38. Serowa sałatka pepperoni rotini 85
39. Sałatka z makaronem gorgonzolą 87
40. Sałatka Makaronowa Romano Linguine 89
41. Sałatka z miętową fetą i orzo 91
42. Sałatka z orzechowym makaronem gorgonzolą 93
43. Sałatka ze świeżym makaronem cytrynowym 95
44. Sałatka Tortellini z Trzech Serów 97
45. Sałatka Penne z pesto i suszonymi pomidorami 99
46. Sałatka z makaronem Cheddar i brokułami Bowtie 101
47. Sałatka z grillowanym tofu i makaronem sezamowym 103
48. Sałatka z makaronem z grilla i szparagami 105
49. Sałatka z makaronem z tuńczykiem i karczochami 107
50. Sałatka z makaronem z krewetkami i awokado 109
51. Sałatka z wędzonym łososiem i makaronem koperkowym 111
52. Sałatka z makaronem z kraba i mango 113
53. Sałatka z makaronem z owocami tropikalnymi i krewetkami 115
54. Sałatka z makaronem z jagodami i fetą 117
55. Sałatka z Makaronem Cytrusów i Awokado 119
56. Sałatka z Arbuzem i Makaronem Feta 121
57. Sałatka z makaronem z mango i czarną fasolą 123
58. Sałatka z Makaronem Jabłkowo-Orzechowym 125
59. Sałatka z Makaronem Ananasem i Szynką 127
60. Sałatka z makaronem i jagodami cytrusowymi 129
61. Sałatka z kiwi, truskawkami i makaronem Rotini 131
62. Salsa Mango z Sałatką z Makaronem Farfalle 133
63. Sałatka z makaronem brzoskwiniowo-prosciutto 135
64. Sałatka Makaronowa z Borówkami i Kozim Serem 137
65. Sałatka ze szpinakiem, groszkiem, malinami i makaronem spiralnym 139
66. Sałatka z makaronem z mandarynkami i migdałami 141
67. Sałatka z makaronem z przegrzebkami i szparagami 143
68. Krewetki cytrynowo-czosnkowe i sałatka z orzo 145
69. Fusilli czosnkowo-grzybowe z sałatką gruszkową 147
70. Śródziemnomorska sałatka z makaronem warzywnym 149
71. Sałatka z makaronem warzywnym i pesto 151
72. Tęczowa sałatka z makaronem warzywnym 153
73. Azjatycka sałatka z makaronem sezamowo-warzywnym 155
74. Sałatka Grecka Orzo Jarzynowa 157
75. Sałatka z pieczonych warzyw i makaronu z ciecierzycą 159
76. Sałatka na zimno ze szpinakiem i karczochami 161
77. Tajska sałatka z makaronem orzechowym i warzywami 163
78. Sałatka Cezara z Makaronem Wegetariańskim 165

79. Sałatka z makaronem z homarem i mango 167
80. Śródziemnomorska Sałatka z Makaronem Tzatziki z Krewetkami 169
81. Sałatka z makaronem z krewetkami i pomidorami wiśniowymi 171
82. Sałatka z orzechowym tuńczykiem i makaronem 174
83. Polędwiczki z kurczaka i sałatka Farfalle 176
84. Kremowa sałatka z makaronem Penn 178
85. Sałatka z fetą i pieczonym indykiem 180
86. Sałatka z makaronem orzechowym i kurczakiem 182
87. Sałatka Cezar z Kurczakiem i Makaronem 184
88. Sałatka z makaronem z indykiem i żurawiną 186
89. Sałatka z makaronem i kurczakiem z grilla cytrynowo-ziołowego 188
90. Sałatka z makaronem z kurczakiem i bekonem 190
91. Sałatka z kurczakiem curry i makaronem z mango 192
92. Sałatka Grecka z Kurczakiem i Orzo 194
93. Sałatka z makaronem i kurczakiem i czarną fasolą 196
94. Sałatka z makaronem i kurczakiem z mango i curry 198
95. Sałatka Caprese z makaronem i pesto z kurczakiem 200
96. Azjatycka sałatka z makaronem i kurczakiem sezamowym 202
97. Sałatka z ziołami cytrynowymi i makaronem z indykiem i szparagami 204
98. Sałatka z makaronem i pesto z kurczaka i brokułów 206
99. Sałatka z makaronem i kurczakiem bawolym 208
100. Sałatka Makaronowa z Kurczakiem Żurawinowo-Orzechowym 210

WNIOSEK **212**

WSTĘP

Witamy w „Książce kucharskiej z sałatkami RĘCZNIE ROBIONE ANTIPASTO: 100 inspiracji na sałatki z antipasto z wybrzeży Włoch, Grecji i nie tylko". Sałatki Antipasto to celebracja śródziemnomorskich smaków, łącząca świeże składniki, żywe kolory i odważne smaki, aby stworzyć kulinarne przeżycie, które jest zarówno satysfakcjonujące, jak i orzeźwiające. W tej książce kucharskiej zapraszamy Cię w podróż po przybrzeżnych regionach Włoch, Grecji i nie tylko, odkrywając bogatą gamę smaków, które definiują to ukochane danie.

Pochodzące od włoskich słów „anti" (przed) i „pasto" (posiłek), antipasto tradycyjnie odnosi się do wyboru małych przystawek podawanych przed daniem głównym. Jednak w ostatnich latach koncepcja ta ewoluowała i obejmuje różnorodne sałatki prezentujące najlepsze składniki śródziemnomorskiej spiżarni. Od pikantnych oliwek i kremowych serów po pikantne wędliny i chrupiące warzywa, sałatki antipasto oferują symfonię smaków i tekstur, która jest równie satysfakcjonująca, jak i pyszna.

W tej książce kucharskiej znajdziesz różnorodne inspiracje sałatkami antipasto, które czerpią inspirację z tradycji kulinarnych Włoch, Grecji i nie tylko. Każdy przepis został starannie opracowany, aby podkreślić wyjątkowe smaki i składniki danego regionu, oferując smak skąpanych w słońcu wybrzeży i tętniących życiem rynków, które inspirują kuchnię śródziemnomorską.

Niezależnie od tego, czy organizujesz letniego grilla, przygotowujesz piknik na plażę, czy po prostu masz ochotę na lekki i orzeźwiający posiłek, przepisy zawarte w tej książce kucharskiej z pewnością zachwycą Twoje kubki smakowe i przeniosą Cię w odległe krainy z każdym kęsem. Chwyć więc fartuch i przygotuj się na kulinarną przygodę, która celebruje kunszt sałatek antipasto i żywe smaki Morza Śródziemnego.

SAŁATKI Z RYB I Owoców Morza

1. Sałatka z tuńczykiem i antipasto

SKŁADNIKI:

- 1/2 szklanki jogurtu naturalnego
- 1/3 szklanki majonezu
- 1/4 szklanki posiekanej bazylii
- 1/4 łyżeczki pieprzu
- 1/2 ogórka angielskiego
- 1 papryka
- 2 szklanki pomidorków koktajlowych; o połowę
- 1 1/2 szklanki perełek bocconcini
- 1/2 szklanki zielonych oliwek z pimento
- 2 łyżki odsączonej i posiekanej marynowanej ostrej papryki
- 2 puszki tuńczyka w kawałkach, odsączonego
- Sałatki zielone

INSTRUKCJE:

a) W dużej misce wymieszaj jogurt, majonez, bazylię i pieprz.
b) Dokładnie wymieszać.
c) Dodaj ogórek, paprykę, pomidory, bocconcini, oliwki i ostrą paprykę.
d) Wrzucić do płaszcza.
e) Za pomocą widelca delikatnie wymieszaj tuńczyka, pozostawiając go w kawałkach wielkości kęsa.
f) Podawać na wierzchu zieleniny.

2. Sałatka śródziemnomorska z tuńczykiem i antipasto

SKŁADNIKI:
- 1 puszka fasoli (ciecierzycy, groszku czarnookiego lub fasoli cannellini), opłukanej
- 2 puszki lub opakowania lekkiego tuńczyka w kawałkach nasączonych wodą, odsączonego i płatkowanego
- 1 duża czerwona papryka, pokrojona w drobną kostkę
- 1/2 szklanki drobno posiekanej czerwonej cebuli
- 1/2 szklanki posiekanej świeżej pietruszki, podzielone
- 4 łyżeczki kaparów, opłukanych
- 1 1/2 łyżeczki drobno posiekanego świeżego rozmarynu
- 1/2 szklanki soku z cytryny, podzielone
- 4 łyżki oliwy z oliwek z pierwszego tłoczenia, podzielone
- Świeżo mielony pieprz do smaku
- 1/4 łyżeczki soli
- 8 szklanek mieszanej sałaty zielonej

INSTRUKCJE:
a) Połącz fasolę, tuńczyka, paprykę, cebulę, pietruszkę, kapary, rozmaryn, 1/4 szklanki soku z cytryny i 2 łyżki oleju w średniej misce.
b) Doprawić pieprzem.
c) Połącz pozostałą 1/4 szklanki soku z cytryny, 2 łyżki oleju i sól w dużej misce.
d) Dodaj zieloną sałatę; wrzucić do płaszcza.
e) Rozłóż warzywa na 4 talerzach i na każdym ułóż sałatkę z tuńczyka.

3. Sałatka Antipasto z owocami morza śródziemnomorskiego

SKŁADNIKI:
- 1 szklanka ugotowanych i schłodzonych krewetek, obranych i oczyszczonych
- 1 szklanka marynowanych serc karczochów, pokrojona w ćwiartki
- 1/2 szklanki krążków kalmarów, ugotowanych i schłodzonych
- 1/2 szklanki ośmiornicy, ugotowanej i pokrojonej na kawałki wielkości kęsa
- 1/2 szklanki pomidorków cherry, przekrojonych na połówki
- 1/4 szklanki czarnych oliwek bez pestek
- 1/4 szklanki zielonych oliwek bez pestek
- 1/4 szklanki pieczonej czerwonej papryki, pokrojonej w plasterki
- 1/4 szklanki cienko pokrojonej czerwonej cebuli
- 2 łyżki kaparów, odsączonych
- Świeża natka pietruszki, posiekana (do dekoracji)
- Kawałki cytryny (do podania)

UBIERANIE SIĘ:
- 1/4 szklanki oliwy z oliwek z pierwszego tłoczenia
- 2 łyżki czerwonego octu winnego
- 1 łyżeczka musztardy Dijon
- 1 ząbek czosnku, posiekany
- Sól i pieprz do smaku
- Szczypta suszonego oregano

INSTRUKCJE:
a) W dużej misce wymieszaj krewetki, serca karczochów, kalmary, ośmiornicę, pomidorki koktajlowe, czarne i zielone oliwki, pieczoną czerwoną paprykę, czerwoną cebulę i kapary.
b) W małej misce wymieszaj oliwę z oliwek, ocet z czerwonego wina, musztardę Dijon, mielony czosnek, sól, pieprz i oregano, aby stworzyć dressing.
c) Polej dressingiem mieszankę owoców morza i delikatnie wymieszaj, aby równomiernie się nim pokrył.
d) Wstawić do lodówki na co najmniej 30 minut, aby smaki się przegryzły.
e) Podawać schłodzone, udekorowane świeżą pietruszką i plasterkami cytryny.

4. Włoska sałatka z krewetkami i przegrzebkami z antipasto

SKŁADNIKI:
- 1 szklanka ugotowanych i schłodzonych krewetek, obranych i oczyszczonych
- 1 szklanka ugotowanych i schłodzonych przegrzebków, przekrojonych na pół, jeśli są duże
- 1 szklanka pokrojonego w kostkę ogórka
- 1/2 szklanki przekrojonych na pół pomidorków koktajlowych
- 1/2 szklanki pokrojonej w cienkie plasterki bulwy kopru włoskiego
- 1/4 szklanki pokrojonych w plasterki rzodkiewek
- 1/4 szklanki czerwonej cebuli, pokrojonej w cienkie plasterki
- Listki świeżej bazylii, porwane (do dekoracji)

UBIERANIE SIĘ:
- 1/4 szklanki oliwy z oliwek z pierwszego tłoczenia
- 2 łyżki soku z cytryny
- 1 łyżeczka miodu
- 1 mały ząbek czosnku, posiekany
- Sól i mielony czarny pieprz do smaku
- Skórka z 1 cytryny

INSTRUKCJE:
a) W dużej misce sałatkowej połącz krewetki, przegrzebki, ogórek, pomidorki koktajlowe, koper włoski, rzodkiewki i czerwoną cebulę.
b) W małej misce wymieszaj oliwę z oliwek, sok z cytryny, miód, czosnek, sól, pieprz i skórkę z cytryny, aby utworzyć dressing.
c) Polej sosem mieszankę owoców morza i warzyw, delikatnie wymieszaj.
d) Przed podaniem sałatkę należy schłodzić w lodówce przez około 20 minut.
e) Tuż przed podaniem udekoruj świeżą bazylią.

5. Sałatka Antipasto z wędzonym łososiem i awokado

SKŁADNIKI:
- 2 szklanki mieszanych warzyw (takich jak rukola i szpinak)
- 4 uncje wędzonego łososia, pokrojonego w cienkie plasterki
- 1 awokado, pokrojone w plasterki
- 1/2 ogórka, pokrojonego w wstążki
- 1/4 szklanki czerwonej cebuli, pokrojonej w cienkie plasterki
- 2 łyżki kaparów, odsączonych
- Świeży koperek do dekoracji

INSTRUKCJE:
a) Wymieszane warzywa ułóż na talerzu lub w dużej misce jako bazę sałatki.
b) Na wierzchu ułóż plastry wędzonego łososia, plastry awokado, wstążki ogórka, czerwoną cebulę i kapary.
c) W małej misce wymieszaj oliwę z oliwek, sok z cytryny, miód, sól i pieprz, aby utworzyć dressing.
d) Sosem polej sałatkę tuż przed podaniem.
e) Udekoruj świeżym koperkiem. Podawaj natychmiast, aby cieszyć się świeżym smakiem.

6.Sałatka Antipasto z grillowaną ośmiornicą i ziemniakami

SKŁADNIKI:
- 1 funt ośmiornicy, oczyszczonej i wstępnie ugotowanej do miękkości
- 1 funt małych ziemniaków, gotowanych do miękkości i przekrojonych na pół
- 1/4 szklanki oliwy z oliwek z pierwszego tłoczenia plus dodatkowa ilość do grillowania
- Sok z 1/2 cytryny
- 2 ząbki czosnku, posiekane
- 1 łyżeczka wędzonej papryki
- 1/4 szklanki posiekanej natki pietruszki
- Sól i świeżo zmielony czarny pieprz do smaku

INSTRUKCJE:
a) Rozgrzej grill na średnio-wysokim ogniu. Wymieszaj wstępnie ugotowaną ośmiornicę z odrobiną oliwy z oliwek, solą i pieprzem.
b) Grilluj ośmiornicę przez około 2-3 minuty z każdej strony, aż będzie zwęglona i chrupiąca. Pozwól mu lekko ostygnąć, a następnie pokrój go na kawałki wielkości kęsa.
c) W dużej misce wymieszaj grillowaną ośmiornicę, gotowane ziemniaki, oliwę, sok z cytryny, przeciśnięty przez praskę czosnek, wędzoną paprykę i natkę pietruszki. Wrzucić do połączenia.
d) Dopraw solą i pieprzem do smaku.
e) Sałatkę podawaj na ciepło lub w temperaturze pokojowej, w razie potrzeby udekorowaną dodatkową natką pietruszki.

SAŁATKI WARZYWNE

7. Miska sałatkowa z włoskim antipasto

SKŁADNIKI:

- 6 uncji serc karczochów
- 8-3/4 uncji puszki fasoli garbanzo, odsączonej
- 8-3/4 uncji puszki czerwonej fasoli, odsączonej
- 6-1/2 uncji może dać lekkiego tuńczyka w wodzie, odsączonego i płatkowanego
- 1/2 słodkiej czerwonej cebuli, pokrojonej w cienkie plasterki
- 3 łyżki sosu sałatkowego włoskiego
- 1/2 szklanki selera, pokrojonego w cienkie plasterki
- 6 szklanek mieszanki sałat
- 2 uncje anchois, odsączonych
- 3 uncje suchego salami, pokrojonego w cienkie paski
- 2 uncje sera Fontina, pokrojonego w kostkę
- Marynowana czerwona i zielona papryka do dekoracji

INSTRUKCJE:

a) Wymieszaj karczochy i marynatę z fasolą, tuńczykiem, cebulą i 2 łyżkami butelkowego dressingu.
b) Przykryj i wstaw do lodówki na 1 godzinę lub dłużej, aby wymieszać smaki.
c) W dużej salaterce delikatnie wymieszaj marynowaną mieszankę z selerem i sałatą.
d) Jeśli to konieczne, dodaj trochę więcej butelkowego dressingu.
e) Na wierzchu ułóż anchois, salami i ser, a następnie udekoruj papryką. Natychmiast podawaj.

8.Sałatka z grillowanymi warzywami i antipasto

SKŁADNIKI:
- 2 średnie cukinie, pokrojone wzdłuż
- 2 papryki (różne kolory), przekrojone na pół i pozbawione nasion
- 1 duży bakłażan, pokrojony w krążki
- 1 czerwona cebula, pokrojona w grube pierścienie
- 1 szklanka pomidorków koktajlowych
- 1/4 szklanki świeżych liści bazylii, podartych
- 1/4 szklanki oliwek Kalamata, wypestkowanych i przekrojonych na połówki
- 2 łyżki kaparów, odsączonych
- Sól i czarny pieprz do smaku
- Oliwa z oliwek z pierwszego tłoczenia, do grillowania

UBIERANIE SIĘ:
- 1/4 szklanki oliwy z oliwek z pierwszego tłoczenia
- 2 łyżki octu balsamicznego
- 1 ząbek czosnku, posiekany
- 1 łyżeczka musztardy Dijon
- Sól i świeżo zmielony czarny pieprz do smaku

INSTRUKCJE:
a) Rozgrzej grill do średnio-wysokiej temperatury.
b) Warzywa posmarować oliwą, doprawić solą i pieprzem.
c) Grilluj warzywa, aż będą miękkie i lekko zwęglone, około 4-5 minut z każdej strony w przypadku cukinii, papryki i bakłażana i około 2-3 minut w przypadku krążków cebuli.
d) Zdejmij warzywa z grilla i pozwól im lekko ostygnąć. Następnie pokrój je na kawałki wielkości kęsa.
e) W dużej misce wymieszaj grillowane warzywa, pomidorki koktajlowe, podarte liście bazylii, oliwki i kapary.
f) W małej misce wymieszaj oliwę z oliwek, ocet balsamiczny, posiekany czosnek, musztardę Dijon, sól i pieprz, aby przygotować sos.
g) Sosem polej sałatkę i delikatnie wymieszaj.
h) Podawać w temperaturze pokojowej lub schłodzone, w razie potrzeby udekorowane dodatkowymi liśćmi bazylii.

9.Sałatka ze świeżymi ogrodami Antipasto

SKŁADNIKI:
- 2 szklanki mieszanej sałaty (takiej jak rukola, szpinak i sałata)
- 1 szklanka pomidorków koktajlowych, przekrojonych na połówki
- 1 szklanka ogórka, pokrojonego w kostkę
- 1 szklanka papryki (różne kolory), pokrojonej w kostkę
- 1/2 szklanki czerwonej cebuli, pokrojonej w cienkie plasterki
- 1/4 szklanki zielonych oliwek bez pestek, przekrojonych na połówki
- 1/4 szklanki pokruszonego sera feta
- 2 łyżki posiekanej świeżej bazylii
- Sól i czarny pieprz do smaku

INSTRUKCJE:
a) W dużej misce sałatkowej połącz mieszankę sałat, pomidorki koktajlowe, pokrojony w kostkę ogórek, pokrojoną w kostkę paprykę, cienko pokrojoną czerwoną cebulę i połówki zielonych oliwek.
b) Sałatkę posypujemy pokruszonym serem feta.
c) Na wierzch dodaj posiekaną świeżą bazylię.
d) Dopraw solą i czarnym pieprzem do smaku.
e) Delikatnie wymieszaj, aby połączyć wszystkie składniki i równomiernie rozprowadzić smaki.
f) Podawaj natychmiast jako orzeźwiająca i pełna energii przystawka lub dodatek. Ciesz się świeżym smakiem ogrodu w każdym kęsie!

10. Sałatka Antipasto inspirowana kuchnią grecką

SKŁADNIKI:
- 1 szklanka pomidorków koktajlowych, przekrojonych na połówki
- 1 ogórek, pokrojony w kostkę
- 1 papryka (dowolny kolor), pokrojona w kostkę
- 1 szklanka oliwek Kalamata, bez pestek
- 1/2 szklanki czerwonej cebuli, pokrojonej w cienkie plasterki
- 1 szklanka sera feta, pokruszonego
- 1/4 szklanki posiekanej świeżej pietruszki
- 1/4 szklanki oliwy z oliwek z pierwszego tłoczenia
- 2 łyżki czerwonego octu winnego
- 1 łyżeczka suszonego oregano
- Sól i pieprz do smaku

INSTRUKCJE:
a) W dużej misce połącz pomidorki koktajlowe, ogórek, paprykę, oliwki, czerwoną cebulę, ser feta i pietruszkę.
b) W małej misce wymieszaj oliwę z oliwek, ocet z czerwonego wina, suszone oregano, sól i pieprz, aby przygotować dressing.
c) Sosem polej sałatkę i delikatnie wymieszaj.
d) Podawać od razu lub schłodzić w lodówce przez około 30 minut, aby smaki się przegryzły.

11. Sałatka Caprese Antipasto

SKŁADNIKI:
- 2 szklanki pomidorków koktajlowych, przekrojonych na połówki
- 2 szklanki mini kulek mozzarelli (bocconcini)
- 1/4 szklanki świeżych liści bazylii, podartych
- 2 łyżki oliwy z oliwek z pierwszego tłoczenia
- 1 łyżka octu balsamicznego
- Sól i pieprz do smaku

INSTRUKCJE:
a) W dużej misce połącz pomidorki cherry, kulki mini mozzarelli i podarte liście bazylii.
b) Sałatkę skrop oliwą i octem balsamicznym.
c) Dopraw solą i pieprzem do smaku.
d) Delikatnie wymieszaj do połączenia.
e) Podawaj natychmiast lub przechowuj w lodówce do 30 minut przed podaniem, aby smaki się przegryzły.

SAŁATKI WĘDNIOWE

12.Sałatka Toskańska Antipasto

SKŁADNIKI:

- Szynka prosciutto
- Salami
- Marynowane serca karczochów
- Oliwki (zielone i czarne)
- Suszone pomidory
- Świeże kulki mozzarelli
- Grillowane kromki chleba

INSTRUKCJE:

a) Wszystkie składniki ułóż na dużym talerzu.
b) Podawać z grillowanymi kromkami chleba.
c) Skropić oliwą z oliwek z pierwszego tłoczenia i posypać świeżymi ziołami, aby uzyskać dodatkowy smak.

13. Sałatka z antipasto na imprezę

SKŁADNIKI:
- 1 może (16 uncji) serca karczochów; odsączone/przekrojone na pół
- 1 funt mrożonej brukselki
- ¾ funtów Pomidorki koktajlowe
- 1 słoik (5 3/4 uncji) zielonych hiszpańskich oliwek; osuszony
- 1 słoik (12 uncji) papryczek pepperoncini; osuszony
- 1 funt Świeże grzyby; wyczyszczony
- 1 puszka (16 uncji) serc palmowych; opcjonalny
- 1 funt pepperoni lub salami; pokrojone w kostkę
- 1 słoik (16 uncji) czarnych oliwek; osuszony
- ¼ szklanki czerwony ocet winny
- ¾ szklanki Oliwa z oliwek
- ½ łyżeczki Cukier
- 1 łyżeczka musztarda Dijon
- Sól; do smaku
- Świeżo zmielony pieprz; do smaku

INSTRUKCJE :
a) Połącz wszystkie składniki przed dodaniem winegretu.
b) Przechowywać w lodówce przez 24 godziny.

14. Deska serów z przekąskami Antipasto

SKŁADNIKI:
- Różne wędliny (takie jak prosciutto, salami lub capicola)
- Różne sery (takie jak mozzarella, provolone lub Asiago)
- Marynowane serca karczochów
- Marynowane oliwki
- Pieczona czerwona papryka
- Warzywa grillowane lub marynowane (np. cukinia lub bakłażan)
- Różne pieczywo lub paluszki chlebowe
- Glazura balsamiczna lub redukcja do skropienia
- Świeża bazylia lub natka pietruszki do dekoracji

INSTRUKCJE:
a) Ułóż wybrane wędliny na dużej desce lub półmisku.
b) Ułóż wybrane sery obok mięs.
c) Na deskę dodajemy marynowane serca karczochów, marynowane oliwki i pieczoną czerwoną paprykę.
d) Dodaj grillowane lub marynowane warzywa, aby dodać smaku i różnorodności.
e) Zapewnij gościom różnorodne pieczywo lub paluszki chlebowe, aby mogli delektować się mięsami i serami.
f) Skropić składniki glazurą balsamiczną lub redukcją, aby uzyskać pikantny i słodki akcent.
g) Udekoruj świeżą bazylią lub natką pietruszki, aby dodać świeżości i atrakcyjności wizualnej.
h) Podawaj i ciesz się!

15. Sałatka Antipasto Wonton

SKŁADNIKI:
- 4 szklanki mieszanych warzyw
- 1/4 szklanki pokrojonego salami
- 1/4 szklanki pokrojonej pepperoni
- 1/4 szklanki pokrojonego sera provolone
- 1/4 szklanki pokrojonej w plasterki pieczonej czerwonej papryki
- 8 opakowań wontonów, usmażonych i posiekanych

UBIERANIE SIĘ:
- 2 łyżki czerwonego octu winnego
- 1 łyżka oliwy z oliwek
- 1 ząbek czosnku, posiekany
- Sól i pieprz do smaku

INSTRUKCJE:

a) W dużej misce wymieszaj mieszankę warzyw, pokrojone salami, pokrojone pepperoni, pokrojony ser provolone i pokrojoną w plasterki pieczoną czerwoną paprykę.

b) W małej misce wymieszaj ocet winny, oliwę z oliwek, posiekany czosnek, sól i pieprz, aby przygotować sos.

c) Sosem polej sałatkę i wymieszaj.

d) Posyp posiekanymi smażonymi wontonami.

e) Natychmiast podawaj.

16.Sałatka Hiszpańska Chorizo i Manchego Antipasto

SKŁADNIKI:
- 4 szklanki mieszanej sałaty (takiej jak młody szpinak i rukola)
- 1 szklanka pomidorków koktajlowych, przekrojonych na połówki
- 1/2 szklanki pokrojonej w plasterki pieczonej czerwonej papryki
- 1/4 szklanki pokrojonych w plasterki hiszpańskich oliwek
- 1/4 szklanki cienko pokrojonej czerwonej cebuli
- 4 uncje cienko pokrojonych hiszpańskich chorizo
- 4 uncje cienko pokrojonego sera Manchego
- 1/4 szklanki prażonych migdałów
- Sól i czarny pieprz do smaku

UBIERANIE SIĘ:
- 1/4 szklanki oliwy z oliwek z pierwszego tłoczenia
- 2 łyżki octu sherry
- 1 łyżeczka miodu
- 1 ząbek czosnku, posiekany
- Sól i świeżo zmielony czarny pieprz do smaku

INSTRUKCJE:
a) W dużej misce sałatkowej połącz mieszankę sałat, pomidorki koktajlowe, pieczoną czerwoną paprykę, hiszpańskie oliwki i cienko pokrojoną czerwoną cebulę.
b) Na wierzchu sałatki ułóż pokrojone w cienkie plasterki hiszpańskie chorizo i ser Manchego.
c) Sałatkę posypujemy prażonymi migdałami.
d) W małej misce wymieszaj oliwę z oliwek, ocet sherry, miód, mielony czosnek, sól i pieprz, aby przygotować sos.
e) Sosem polej sałatkę tuż przed podaniem.
f) Delikatnie wymieszaj, aby wszystkie składniki pokryły się sosem.
g) Podawaj natychmiast jako sałatkę antipasto inspirowaną kuchnią hiszpańską, z zachwycającą mieszanką smaków.

17. Sałatka Francuska Charcuterie Antipasto

SKŁADNIKI:
- 4 szklanki mieszanych sałat (takich jak frisée i mâche)
- 1 szklanka pomidorów winogronowych, przekrojonych na pół
- 1/2 szklanki marynowanych serc karczochów, pokrojonych w ćwiartki
- 1/4 szklanki oliwek Niçoise
- 1/4 szklanki cienko pokrojonej czerwonej cebuli
- 4 uncje cienko pokrojonej szynki francuskiej (jambon)
- 4 uncje cienko pokrojonych saucisson sec (sucha kiełbasa)
- 1/4 szklanki pokruszonego sera koziego
- Sól i czarny pieprz do smaku

UBIERANIE SIĘ:
- 1/4 szklanki oliwy z oliwek z pierwszego tłoczenia
- 2 łyżki czerwonego octu winnego
- 1 łyżeczka musztardy Dijon
- 1 szalotka, posiekana
- Sól i świeżo zmielony czarny pieprz do smaku

INSTRUKCJE:
a) W dużej misce sałatkowej połącz mieszankę sałat, pomidorki winogronowe, marynowane serca karczochów, oliwki Niçoise i cienko pokrojoną czerwoną cebulę.
b) Na wierzchu sałatki ułóż pokrojoną w cienkie plasterki szynkę francuską i saucisson sec.
c) Sałatkę posypujemy pokruszonym kozim serem.
d) W małej misce wymieszaj oliwę z oliwek, ocet z czerwonego wina, musztardę Dijon, posiekaną szalotkę, sól i pieprz, aby przygotować sos.
e) Sosem polej sałatkę tuż przed podaniem.
f) Delikatnie wymieszaj, aby wszystkie składniki pokryły się sosem.
g) Podawaj natychmiast jako sałatkę antipasto inspirowaną kuchnią francuską, o wyrafinowanej gamie smaków.

18. Sałatka Antipasto z wędlinami inspirowanymi kuchnią grecką

SKŁADNIKI:
- 4 szklanki mieszanej sałaty zielonej (takiej jak sałata rzymska i lodowa)
- 1 szklanka pomidorków koktajlowych, przekrojonych na połówki
- 1/2 szklanki ogórka, pokrojonego w kostkę
- 1/2 szklanki czerwonej papryki, pokrojonej w kostkę
- 1/4 szklanki czerwonej cebuli, pokrojonej w cienkie plasterki
- 1/4 szklanki oliwek Kalamata, bez pestek
- 4 uncje cienko pokrojonych greckich salami
- 4 uncje cienko pokrojonego mięsa gyro lub grillowanych pasków kurczaka
- 1/4 szklanki pokruszonego sera feta
- Sól i czarny pieprz do smaku

UBIERANIE SIĘ:
- 1/4 szklanki oliwy z oliwek z pierwszego tłoczenia
- 2 łyżki czerwonego octu winnego
- 1 łyżeczka suszonego oregano
- 1 ząbek czosnku, posiekany
- Sól i świeżo zmielony czarny pieprz do smaku

INSTRUKCJE:
a) W dużej misce sałatkowej połącz mieszankę sałat, pomidorki koktajlowe, pokrojony w kostkę ogórek, pokrojoną w kostkę czerwoną paprykę, cienko pokrojoną czerwoną cebulę i oliwki Kalamata.
b) Na wierzchu sałatki ułóż cienkie plasterki salami greckiego i mięsa gyro lub grillowanych pasków kurczaka.
c) Sałatkę posypujemy pokruszonym serem feta.
d) W małej misce wymieszaj oliwę z oliwek, ocet z czerwonego wina, suszone oregano, mielony czosnek, sól i pieprz, aby przygotować sos.
e) Sosem polej sałatkę tuż przed podaniem.
f) Delikatnie wymieszaj, aby wszystkie składniki pokryły się sosem.
g) Podawaj natychmiast jako inspirowana kuchnią grecką sałatka antipasto o odważnych smakach i śródziemnomorskim stylu.

19. Rustykalna sałatka z wędlinami i antipasto

SKŁADNIKI:
- 4 szklanki mieszanych sałat (takich jak mieszanka mesclun lub jarmuż)
- 1 szklanka klasycznych pomidorków koktajlowych, przekrojonych na połówki
- 1/2 szklanki marynowanych serc karczochów, pokrojonych w ćwiartki
- 1/4 szklanki mieszanych oliwek bez pestek (takich jak zielone, czarne i Kalamata)
- 1/4 szklanki pokrojonej w plasterki pieczonej czerwonej papryki
- 4 uncje cienko pokrojonych coppa lub capicola
- 4 uncje cienko pokrojonych soppressata lub pepperoni
- 1/4 szklanki startego parmezanu
- Sól i czarny pieprz do smaku

UBIERANIE SIĘ:
- 1/4 szklanki oliwy z oliwek z pierwszego tłoczenia
- 2 łyżki octu balsamicznego
- 1 łyżeczka miodu
- 1 łyżeczka musztardy Dijon
- Sól i świeżo zmielony czarny pieprz do smaku

INSTRUKCJE:
a) W dużej misce sałatkowej połącz mieszankę sałat, pomidorki koktajlowe, marynowane serca karczochów, mieszankę oliwek i pokrojoną w plasterki pieczoną czerwoną paprykę.
b) Na wierzchu sałatki ułóż pokrojone w cienkie plasterki coppa lub capicola oraz soppressata lub pepperoni.
c) Sałatkę posypujemy startym parmezanem.
d) W małej misce wymieszaj oliwę z oliwek, ocet balsamiczny, miód, musztardę Dijon, sól i pieprz, aby przygotować sos.
e) Sosem polej sałatkę tuż przed podaniem.
f) Delikatnie wymieszaj, aby wszystkie składniki pokryły się sosem.
g) Podawaj natychmiast jako rustykalną sałatkę antipasto z wędlinami o mocnym smaku i odrobinie słodyczy z sosu.

20.Sałatka Antipasto z Melonem Zawijanym w Prosciutto

SKŁADNIKI:

- 4 szklanki mieszanej sałaty zielonej (takiej jak sałata masłowa i szpinak dziecięcy)
- 1 szklanka kulek kantalupy lub melona spadziowego
- 1/2 szklanki pomidorków cherry, przekrojonych na połówki
- 1/4 szklanki cienko pokrojonej czerwonej cebuli
- 1/4 szklanki marynowanych serc karczochów, pokrojonych w ćwiartki
- 1/4 szklanki czarnych oliwek bez pestek
- 4 uncje cienko pokrojonego prosciutto
- 1/4 szklanki pokruszonego sera koziego
- Sól i czarny pieprz do smaku

UBIERANIE SIĘ:

- 1/4 szklanki oliwy z oliwek z pierwszego tłoczenia
- 2 łyżki białego octu balsamicznego
- 1 łyżeczka miodu
- 1 łyżeczka musztardy Dijon
- Sól i świeżo zmielony czarny pieprz do smaku

INSTRUKCJE:

a) W dużej misce sałatkowej wymieszaj mieszankę sałat, kulki melona kantalupa lub spadzi, pomidorki koktajlowe, cienko pokrojoną czerwoną cebulę, marynowane serca karczochów i czarne oliwki bez pestek.
b) Owiń każdą kulkę melona plasterkiem prosciutto.
c) Na wierzchu sałatki ułóż owinięte w prosciutto kulki melona.
d) Sałatkę posypujemy pokruszonym serem kozim.
e) W małej misce wymieszaj oliwę z oliwek, biały ocet balsamiczny, miód, musztardę Dijon, sól i pieprz, aby przygotować sos.
f) Sosem polej sałatkę tuż przed podaniem.
g) Delikatnie wymieszaj, aby wszystkie składniki pokryły się sosem.
h) Podawaj natychmiast jako elegancką sałatkę antipasto z zachwycającym połączeniem słodkich i pikantnych smaków.

SAŁATKI MAKARONOWE

21.Sałatka z pikantnym serem Cheddar Fusilli

SKŁADNIKI:

- 2 łyżki oliwy z oliwek
- 6 posiekanych zielonych cebul
- 1 łyżeczka soli
- 3/4 szklanki posiekanej marynowanej papryczki jalapeno
- 1 (16 uncji) opakowanie makaronu fusilli
- 1 (2,25 uncji) może pokroić czarne oliwki
- 2 funty wyjątkowo chudej mielonej wołowiny
- 1 (1,25 uncji) opakowanie mieszanki przypraw do taco
- 1 (8 uncji) opakowanie startego sera Cheddar
- 1 (24 uncje) słoik łagodnej salsy
- 1 (8 uncji) butelka sosu ranczo
- 1 1/2 czerwonej papryki, posiekanej

INSTRUKCJE:

a) Postaw duży garnek na średnim ogniu. Napełnij go wodą i wymieszaj z oliwą z oliwek z solą.
b) Gotuj, aż zacznie się gotować.
c) Dodać makaron i gotować 10 min. Wyjmij go z wody i odłóż na bok, aby odciekł.
d) Postaw dużą patelnię na średnim ogniu. Podsmaż wołowinę przez 12 min. Usuń nadmiar tłuszczu.
e) Dodaj przyprawę do taco i dobrze wymieszaj. Odłóż mieszankę na bok, aby całkowicie utraciła ciepło.
f) Przygotuj dużą miskę do miksowania: wymieszaj w niej salsę, sos ranczo, paprykę, zieloną cebulę, papryczki jalapenos i czarne oliwki.
g) Dodajemy makaron z ugotowaną wołowiną, serem Cheddar i dressingiem. Dobrze je wymieszaj. Połóż kawałek plastikowej folii na misce sałatkowej. Włożyć do lodówki na 1 h 15 min.

22. Włoska sałatka na zimno z makaronem i salami

SKŁADNIKI:
- 2 szklanki makaronu rotini, ugotowanego i ostudzonego
- 1/2 funta salami, pokrojonego w plasterki i wielkości kęsa
- 1 szklanka pomidorków koktajlowych, przekrojonych na połówki
- 1/2 szklanki kulek mozzarelli (bocconcini)
- 1/4 szklanki czarnych oliwek, pokrojonych w plasterki
- 1/4 szklanki czerwonej cebuli, drobno posiekanej
- 1/4 szklanki świeżej bazylii, posiekanej
- 3 łyżki oliwy z oliwek extra virgin
- 2 łyżki czerwonego octu winnego
- Sól i pieprz do smaku

INSTRUKCJE:
a) W dużej misce wymieszaj makaron, salami, pomidorki koktajlowe, kulki mozzarelli, czarne oliwki, czerwoną cebulę i świeżą bazylię.
b) W małej misce wymieszaj oliwę z oliwek, ocet z czerwonego wina, sól i pieprz.
c) Polej dressingiem makaron i mieszaj, aż będzie dobrze pokryty.
d) Przed podaniem przechowywać w lodówce co najmniej 1 godzinę.

23. indykiem i żurawiną

SKŁADNIKI:
- 2 szklanki makaronu fusilli lub farfalle, ugotowanego i ostudzonego
- 1/2 funta piersi z indyka, ugotowanej i pokrojonej w kostkę
- 1/2 szklanki suszonej żurawiny
- 1/4 szklanki orzechów pekan, posiekanych i podprażonych
- 1/2 szklanki selera, drobno posiekanego
- 1/4 szklanki czerwonej cebuli, drobno posiekanej
- 1/3 szklanki majonezu
- 2 łyżki musztardy Dijon
- Sól i pieprz do smaku

INSTRUKCJE:
a) W dużej misce połącz makaron, pokrojony w kostkę indyk, suszoną żurawinę, orzechy pekan, seler i czerwoną cebulę.
b) W małej misce wymieszaj majonez, musztardę Dijon, sól i pieprz.
c) Polej dressingiem makaron i mieszaj, aż będzie dobrze pokryty.
d) Przed podaniem przechowywać w lodówce co najmniej 1 godzinę.

24. Sałatka Makaronowa Na Zimno Z Szynką I Cheddarem

SKŁADNIKI:

- 2 szklanki makaronu łokciowego, ugotowanego i ostudzonego
- 1/2 funta szynki, pokrojonej w kostkę
- 1 szklanka sera Cheddar, pokrojonego w kostkę
- 1/2 szklanki pomidorków cherry, przekrojonych na połówki
- 1/4 szklanki czerwonej papryki, pokrojonej w kostkę
- 1/4 szklanki posiekanej zielonej cebuli
- 1/3 szklanki majonezu
- 2 łyżki kwaśnej śmietany
- 1 łyżka musztardy Dijon
- Sól i pieprz do smaku

INSTRUKCJE:

a) W dużej misce wymieszaj makaron, pokrojoną w kostkę szynkę, ser cheddar, pomidorki koktajlowe, czerwoną paprykę i zieloną cebulę.
b) W małej misce wymieszaj majonez, śmietanę, musztardę Dijon, sól i pieprz.
c) Polej dressingiem makaron i mieszaj, aż będzie dobrze pokryty.
d) Przed podaniem przechowywać w lodówce co najmniej 1 godzinę.

25.Sałatka Makaronowa Cezar z Kurczakiem Na Zimno

SKŁADNIKI:
- 2 szklanki makaronu penne, ugotowanego i ostudzonego
- 1 funt grillowanej piersi z kurczaka, pokrojonej w plasterki
- 1/2 szklanki pomidorków cherry, przekrojonych na połówki
- 1/4 szklanki czarnych oliwek, pokrojonych w plasterki
- 1/4 szklanki startego parmezanu
- 1/4 szklanki grzanek, pokruszonych
- 1/2 szklanki sosu Cezar
- Świeża natka pietruszki do dekoracji
- Sól i pieprz do smaku

INSTRUKCJE:
a) W dużej misce połącz makaron, grillowanego kurczaka, pomidorki koktajlowe, czarne oliwki, parmezan i pokruszone grzanki.
b) Dodaj sos Cezar i mieszaj, aż dobrze się wymiesza.
c) Udekoruj świeżą natką pietruszki.
d) Przed podaniem przechowywać w lodówce co najmniej 1 godzinę.

26. Sałatka grecka z makaronem Orzo i mięsem Gyro

SKŁADNIKI:

- 2 szklanki makaronu orzo, ugotowanego i ostudzonego
- 1/2 funta mięsa gyro, pokrojonego w plasterki
- 1 szklanka ogórka, pokrojonego w kostkę
- 1/2 szklanki pomidorków cherry, przekrojonych na połówki
- 1/4 szklanki czerwonej cebuli, drobno posiekanej
- 1/3 szklanki oliwek Kalamata, pokrojonych w plasterki
- 1/2 szklanki sera feta, pokruszonego
- 3 łyżki sosu greckiego
- Świeże oregano do dekoracji
- Sól i pieprz do smaku

INSTRUKCJE:

a) W dużej misce wymieszaj makaron orzo, pokrojone w plasterki mięso gyro, ogórek, pomidorki koktajlowe, czerwoną cebulę, oliwki Kalamata i ser feta.
b) Dodaj sos grecki i mieszaj, aż dobrze się wymiesza.
c) Udekoruj świeżym oregano.
d) Przed podaniem przechowywać w lodówce co najmniej 1 godzinę.

27. Sałatka z pieczonej wołowiny i makaronu Cheddar

SKŁADNIKI:
- 2 szklanki makaronu fusilli, ugotowanego i ostudzonego
- 1/2 funta pieczonej wołowiny pokrojonej w cienkie plasterki i paski
- 1/2 szklanki sera Cheddar, pokrojonego w kostkę
- 1/4 szklanki czerwonej papryki, pokrojonej w kostkę
- 1/4 szklanki zielonej papryki, pokrojonej w kostkę
- 1/4 szklanki czerwonej cebuli, drobno posiekanej
- 1/3 szklanki kremowego sosu chrzanowego
- Sól i pieprz do smaku

INSTRUKCJE:
a) W dużej misce połącz makaron, rostbef, ser cheddar, czerwoną paprykę, zieloną paprykę i czerwoną cebulę.
b) Dodaj kremowy sos chrzanowy i mieszaj, aż dobrze się nim pokryje.
c) Dopraw solą i pieprzem do smaku.
d) Przed podaniem przechowywać w lodówce co najmniej 1 godzinę.

28.Sałatka z makaronem na zimno i kurczakiem z Bacon Ranch

SKŁADNIKI:
- 2 szklanki makaronu rotini, ugotowanego i ostudzonego
- 1 funt gotowanej piersi z kurczaka, pokrojonej w kostkę
- 1/2 szklanki boczku, ugotowanego i pokruszonego
- 1/2 szklanki pomidorków cherry, przekrojonych na połówki
- 1/4 szklanki czerwonej cebuli, drobno posiekanej
- 1/2 szklanki sera cheddar, posiekanego
- 1/3 szklanki sosu ranczo
- Świeży szczypiorek do dekoracji
- Sól i pieprz do smaku

INSTRUKCJE:
a) W dużej misce wymieszaj makaron, pokrojonego w kostkę kurczaka, bekon, pomidorki koktajlowe, czerwoną cebulę i ser cheddar.
b) Dodaj sos ranczo i mieszaj, aż dobrze się wymiesza.
c) Udekoruj świeżym szczypiorkiem.
d) Przed podaniem przechowywać w lodówce co najmniej 1 godzinę.

29. Włoska sałatka z makaronem Antipasto

SKŁADNIKI:
- 2 szklanki makaronu muszkowego, ugotowanego i ostudzonego
- 1/2 funta salami pokrojonego w paski
- 1/2 szklanki sera provolone, pokrojonego w kostkę
- 1/4 szklanki czarnych oliwek, pokrojonych w plasterki
- 1/4 szklanki zielonych oliwek, pokrojonych w plasterki
- 1/4 szklanki posiekanej pieczonej czerwonej papryki
- 1/4 szklanki posiekanych serc karczochów
- 1/3 szklanki sosu włoskiego
- Świeża bazylia do dekoracji
- Sól i pieprz do smaku

INSTRUKCJE:
a) W dużej misce połącz makaron, salami, ser provolone, czarne oliwki, zielone oliwki, pieczoną czerwoną paprykę i serca karczochów.
b) Dodaj sos włoski i mieszaj, aż dobrze się nim pokryje.
c) Udekoruj świeżą bazylią.
d) Przed podaniem przechowywać w lodówce co najmniej 1 godzinę.

30. Sałatka z makaronem wędzonym indykiem i awokado

SKŁADNIKI:
- 2 szklanki makaronu penne, ugotowanego i ostudzonego
- 1/2 funta wędzonego indyka, pokrojonego w kostkę
- 1 awokado, pokrojone w kostkę
- 1/2 szklanki pomidorków cherry, przekrojonych na połówki
- 1/4 szklanki czerwonej cebuli, drobno posiekanej
- 1/4 szklanki sera feta, pokruszonego
- 2 łyżki posiekanej świeżej kolendry
- Sok z 2 limonek
- 3 łyżki oliwy z oliwek
- Sól i pieprz do smaku

INSTRUKCJE:
a) W dużej misce wymieszaj makaron, pokrojony w kostkę wędzony indyk, pokrojone w kostkę awokado, pomidorki koktajlowe, czerwoną cebulę, ser feta i kolendrę.
b) Skropić sokiem z limonki i oliwą z oliwek.
c) Mieszaj, aż dobrze się połączą.
d) Dopraw solą i pieprzem do smaku.
e) Przed podaniem przechowywać w lodówce co najmniej 1 godzinę.

31. Sałatka z grillowaną kiełbasą i makaronem warzywnym

SKŁADNIKI:
- 2 szklanki makaronu rotini, ugotowanego i ostudzonego
- 1/2 funta grillowanej kiełbasy, pokrojonej w plasterki
- 1 szklanka cukinii, pokrojonej w kostkę
- 1 szklanka pomidorków koktajlowych, przekrojonych na połówki
- 1/2 szklanki czerwonej papryki, pokrojonej w kostkę
- 1/4 szklanki czerwonej cebuli, drobno posiekanej
- 1/3 szklanki sosu balsamicznego
- Świeża bazylia do dekoracji
- Sól i pieprz do smaku

INSTRUKCJE:
a) W dużej misce połącz makaron, grillowaną kiełbasę, cukinię, pomidorki koktajlowe, czerwoną paprykę i czerwoną cebulę.
b) Dodaj balsamiczny winegret i mieszaj, aż dobrze się nim pokryje.
c) Udekoruj świeżą bazylią.
d) Dopraw solą i pieprzem do smaku.
e) Przed podaniem przechowywać w lodówce co najmniej 1 godzinę.

32. Sałatka z zimnym makaronem z krewetkami i awokado

SKŁADNIKI:
- 2 szklanki makaronu rotini, ugotowanego i ostudzonego
- 1/2 funta gotowanych krewetek, obranych i oczyszczonych
- 1 awokado, pokrojone w kostkę
- 1/2 szklanki pomidorków cherry, przekrojonych na połówki
- 1/4 szklanki czerwonej cebuli, drobno posiekanej
- 1/4 szklanki ogórka, pokrojonego w kostkę
- 2 łyżki posiekanej świeżej kolendry
- Sok z 2 limonek
- 3 łyżki oliwy z oliwek
- Sól i pieprz do smaku

INSTRUKCJE:
a) W dużej misce połącz makaron, ugotowane krewetki, pokrojone w kostkę awokado, pomidorki koktajlowe, czerwoną cebulę, ogórek i kolendrę.
b) Skropić sokiem z limonki i oliwą z oliwek.
c) Mieszaj, aż dobrze się połączą.
d) Dopraw solą i pieprzem do smaku.
e) Przed podaniem przechowywać w lodówce co najmniej 1 godzinę.

33. Sałatka z pastrami i szwajcarskim zimnym makaronem

SKŁADNIKI:

- 2 szklanki makaronu penne, ugotowanego i ostudzonego
- 1/2 funta pastrami pokrojonego w paski
- 1/2 szklanki sera szwajcarskiego, pokrojonego w kostkę
- 1/4 szklanki posiekanych marynat koperkowych
- 1/4 szklanki czerwonej cebuli, drobno posiekanej
- 1/3 szklanki majonezu
- 2 łyżki musztardy Dijon
- Sól i pieprz do smaku

INSTRUKCJE:

a) W dużej misce wymieszaj makaron, pastrami, ser szwajcarski, pikle koperkowe i czerwoną cebulę.
b) W małej misce wymieszaj majonez, musztardę Dijon, sól i pieprz.
c) Polej dressingiem makaron i mieszaj, aż będzie dobrze pokryty.
d) Przed podaniem przechowywać w lodówce co najmniej 1 godzinę.

34. Sałatka z zimnego makaronu z tuńczykiem i białą fasolą

SKŁADNIKI:
- 2 szklanki makaronu fusilli, ugotowanego i ostudzonego
- 1 puszka (15 uncji) białej fasoli, odsączona i przepłukana
- 1 puszka (5 uncji) tuńczyka, odsączonego i płatkowanego
- 1/2 szklanki pomidorków cherry, przekrojonych na połówki
- 1/4 szklanki czerwonej cebuli, drobno posiekanej
- 1/4 szklanki czarnych oliwek, pokrojonych w plasterki
- 2 łyżki posiekanej świeżej pietruszki
- 3 łyżki czerwonego octu winnego
- 2 łyżki oliwy z oliwek
- Sól i pieprz do smaku

INSTRUKCJE:
a) W dużej misce połącz makaron, białą fasolę, tuńczyka, pomidorki koktajlowe, czerwoną cebulę, czarne oliwki i pietruszkę.
b) W małej misce wymieszaj ocet winny, oliwę z oliwek, sól i pieprz.
c) Polej dressingiem makaron i mieszaj, aż będzie dobrze pokryty.
d) Przed podaniem przechowywać w lodówce co najmniej 1 godzinę.

35.B BQ Sałatka z kurczakiem i makaronem kukurydzianym

SKŁADNIKI:
- 2 szklanki makaronu muszkowego, ugotowanego i ostudzonego
- 1 funt grillowanej piersi z kurczaka, pokrojonej w kostkę
- 1 szklanka ziaren kukurydzy, ugotowanych (świeżych lub mrożonych)
- 8 pasków gotowanego boczku
- 1/4 szklanki czerwonej cebuli, drobno posiekanej
- 1/4 szklanki posiekanej kolendry
- 1/3 szklanki sosu barbecue
- 2 łyżki majonezu
- Sól i pieprz do smaku

INSTRUKCJE:
a) W dużej misce połącz makaron, pokrojony w kostkę grillowany kurczak, kukurydzę, bekon, czerwoną cebulę i kolendrę.
b) W małej misce wymieszaj sos barbecue i majonez.
c) Polej dressingiem makaron i mieszaj, aż będzie dobrze pokryty.
d) Dopraw solą i pieprzem do smaku.
e) Przed podaniem przechowywać w lodówce co najmniej 1 godzinę.

36.Sałatka Z Makaronem Włoska Kiełbasa I Papryka

SKŁADNIKI:
- 2 szklanki makaronu rotini, ugotowanego i ostudzonego
- 1/2 funta włoskiej kiełbasy, grillowanej i pokrojonej w plasterki
- 1/2 szklanki papryki (różne kolory), pokrojonej w plasterki
- 1/4 szklanki czerwonej cebuli, drobno posiekanej
- 1/4 szklanki czarnych oliwek, pokrojonych w plasterki
- 1/3 szklanki sosu włoskiego
- Świeża bazylia do dekoracji
- Sól i pieprz do smaku

INSTRUKCJE:
a) W dużej misce połącz makaron, grillowaną włoską kiełbasę, paprykę, czerwoną cebulę i czarne oliwki.
b) Dodaj sos włoski i mieszaj, aż dobrze się wymiesza.
c) Udekoruj świeżą bazylią.
d) Dopraw solą i pieprzem do smaku.
e) Przed podaniem przechowywać w lodówce co najmniej 1 godzinę.

37. Sałatka z makaronem naśladowczym Ruby Tuesday

SKŁADNIKI:
- 10 uncji mrożonego groszku
- 1 funt makaronu rotini
- ¼ szklanki maślanki
- 2 łyżki przyprawy ranczo
- ½ łyżeczki soli czosnkowej
- ½ łyżeczki czarnego pieprzu
- Parmezan, do dekoracji
- 2 szklanki majonezu
- 8 uncji szynki, pokrojonej w kostkę

INSTRUKCJE
SAŁATKA MAKARONOWA
a) Przygotuj makaron rotini zgodnie z instrukcją na pudełku.
b) Aby zatrzymać proces gotowania, dokładnie odcedź i przepłucz zimną wodą.
c) Po spłukaniu upewnij się, że dobrze odcieknie.

UBIERANIE SIĘ
d) Połącz majonez, maślankę, przyprawę ranczo, sól czosnkową i czarny pieprz.

ZŁOŻYĆ
e) Połącz makaron, szynkę i mrożony groszek w naczyniu do serwowania.
f) Dodajemy dressing i mieszamy aż do jego równomiernego rozprowadzenia.
g) Odstawić do lodówki na co najmniej godzinę, aby smaki się przegryzły.
h) Dokładnie wymieszaj przed podaniem z tartym parmezanem na wierzchu.

38. Serowa sałatka pepperoni rotini

SKŁADNIKI:
- 1 (16 uncji) opakowanie trójkolorowego makaronu rotini
- 1 (8 uncji) opakowanie sera mozzarella
- 1/4 funta pokrojonej w plasterki kiełbasy pepperoni
- 1 szklanka świeżych różyczek brokułów
- 1 (16 uncji) butelka sałatki w stylu włoskim
- 1 (6 uncji) puszka czarnych oliwek, odsączonych
- ubieranie się

INSTRUKCJE:
a) Ugotuj makaron zgodnie z instrukcją na opakowaniu.
b) Przygotuj dużą miskę do miksowania: wrzuć do niej makaron, pepperoni, brokuły, oliwki, ser i sos.
c) Doprawić sałatkę i włożyć do lodówki na 1 h 10 min. Podawaj.

39.Sałatka z makaronem Gorgonzola

SKŁADNIKI:

- 1 (16 uncji) opakowanie makaronu penne
- 1/2 szklanki oleju rzepakowego
- 2 łyżki oleju rzepakowego
- 1/4 szklanki oleju z orzechów włoskich
- 2 C. świeży szpinak – opłukany, osuszony i porwany na kawałki wielkości kęsa
- 1/3 szklanki octu szampańskiego
- 2 łyżki miodu
- 1 mała zielona papryka, pokrojona na 1-calowe kawałki
- 2 C. pokruszony ser Gorgonzola
- 1 C. posiekanych orzechów włoskich
- 1 mała czerwona papryka, pokrojona na 1-calowe kawałki
- 1 mała żółta papryka, pokrojona na 1-calowe kawałki

INSTRUKCJE:

a) Ugotuj makaron zgodnie z instrukcją na opakowaniu.
b) Postaw dużą patelnię na średnim ogniu. Gotuj w nim szpinak z odrobiną wody przez 2 do 3 minut lub do momentu, aż zwiędnie.
c) Przygotuj dużą miskę do miksowania: wrzuć do niej szpinak, paprykę zieloną, paprykę czerwoną, paprykę żółtą i ostudzony makaron.
d) Przygotuj małą miskę do miksowania: połącz w niej 1/2 szklanki oleju rzepakowego, oleju z orzechów włoskich, octu i miodu. Dobrze je wymieszaj.
e) Sosem polej sałatkę z makaronem. Posyp orzechami włoskimi i serem gorgonzola, a następnie podawaj.

40. Sałatka Makaronowa Romano Linguine

SKŁADNIKI:
- 1 (8 uncji) opakowanie makaronu linguine
- 1/2 łyżeczki płatków czerwonej papryki
- 1 (12 uncji) woreczek różyczek brokułów, pokrojonych na kawałki wielkości kęsa
- 1/4 łyżeczki mielonego czarnego pieprzu
- sól dla smaku
- 1/4 szklanki oliwy z oliwek
- 4 łyżeczki mielonego czosnku
- 1/2 szklanki drobno startego sera Romano
- 2 łyżki drobno posiekanej świeżej natki pietruszki płaskolistnej

INSTRUKCJE:
a) Ugotuj makaron zgodnie z instrukcją na opakowaniu.
b) Zagotuj garnek wody. Na wierzchu umieść parowiec. Gotuj na parze brokuły pod przykryciem przez 6 minut
c) Postaw rondelek na średnim ogniu. Rozgrzej w nim olej. Podsmażamy na nim czosnek z płatkami papryki przez 2 min.
d) Przygotuj dużą miskę do miksowania: Przełóż do niej podsmażoną mieszankę czosnku z makaronem, brokułami, serem Romano, pietruszką, czarnym pieprzem i solą. Dobrze je wymieszaj.
e) Dostosuj przyprawę do sałatki. Podawaj od razu.
f) Cieszyć się.

41. Sałatka z miętową fetą i orzo

SKŁADNIKI:
- 1 1/4 szklanki makaronu orzo
- 1 mała czerwona cebula, pokrojona w kostkę
- 6 łyżek oliwy z oliwek, podzielone
- 1/2 szklanki drobno posiekanych świeżych liści mięty
- 3/4 szklanki suszonej brązowej soczewicy, opłukanej i odsączonej
- 1/2 szklanki posiekanego świeżego koperku
- sól i pieprz do smaku
- 1/3 szklanki czerwonego octu winnego
- 3 ząbki czosnku, posiekane
- 1/2 szklanki oliwek Kalamata, wypestkowanych i posiekanych
- 1 1/2 szklanki pokruszonego sera feta

INSTRUKCJE:
a) Ugotuj makaron zgodnie z instrukcją na opakowaniu.
b) W dużym, osolonym rondlu zagotuj wodę. Gotuj w nim soczewicę, aż zacznie wrzeć.
c) Zmniejsz ogień i załóż pokrywkę. Gotuj soczewicę przez 22 minuty. Usuń je z wody.
d) Przygotuj małą miskę do miksowania: połącz w niej oliwę z oliwek, ocet i czosnek. Dobrze je wymieszaj, aby przygotować dressing.
e) Przygotuj dużą miskę do miksowania: wymieszaj w niej soczewicę, sos, oliwki, ser feta, czerwoną cebulę, miętę i koperek, dopraw solą i pieprzem.
f) Owiń miskę sałatkową folią spożywczą i włóż ją do lodówki na 2 godziny 30 minut. Dopraw sałatkę i podawaj.
g) Cieszyć się.

42. Sałatka z orzechowym makaronem Gorgonzola

SKŁADNIKI:
- 2 funty końcówek polędwicy wołowej, pokrojonej w kostkę
- 1/2 szklanki czerwonego wina
- 1/2 żółtej cebuli, posiekanej
- 1 (1,25 uncji) opakowanie mieszanki wołowiny z zupą cebulową
- 2 (10,75 uncji) puszki skondensowanej zupy kremowo-grzybowej
- 2 (16 uncji) opakowania makaronu jajecznego
- 1 szklanka mleka

INSTRUKCJE:
a) Rozgrzej dużą patelnię na średnim ogniu i mieszając smaż wołowinę i cebulę przez około 5
b) minuty.
c) W międzyczasie w misce wymieszaj zupę grzybową, wino, mleko i mieszankę zupy.
d) Umieść mieszaninę na patelni i zagotuj.
e) Zmniejsz ogień do małego i gotuj pod przykryciem przez około 2 godziny.
f) Zmniejsz ogień do najniższego poziomu i gotuj na wolnym ogniu pod przykryciem przez około 4 godziny.
g) W dużym garnku z lekko osolonym wrzątkiem gotuj makaron jajeczny przez około 5 minut.
h) Dobrze odcedź.
i) Połóż mieszankę wołową na makaronie i podawaj.

43. Sałatka ze świeżego makaronu cytrynowego

SKŁADNIKI:

- 1 (16 uncji) opakowanie trójkolorowego makaronu rotini
- 1 szczypta soli i mielonego czarnego pieprzu do smaku
- 2 pomidory pozbawione nasion i pokrojone w kostkę
- 2 ogórki - obrane, pozbawione gniazd nasiennych i pokrojone w kostkę
- 1 awokado, pokrojone w kostkę
- 1 wyciśnij sok z cytryny
- 1 (4 uncje) puszka czarnych oliwek pokrojonych w plasterki
- 1/2 szklanki sosu włoskiego lub więcej do smaku
- 1/2 szklanki startego parmezanu

INSTRUKCJE:

a) Ugotuj makaron zgodnie z instrukcją na opakowaniu.
b) Przygotuj dużą miskę do miksowania: wymieszaj w niej makaron, pomidory, ogórki, oliwki, sos włoski, parmezan, sól i pieprz. Dobrze je wymieszaj.
c) Makaron włożyć do lodówki na 1 h 15 minut.
d) Przygotuj małą miskę do miksowania: wymieszaj w niej sok z cytryny z awokado. Wymieszaj awokado z sałatką z makaronem i podawaj.
e) Cieszyć się.

44. Sałatka Tortellini z Trzech Serów

SKŁADNIKI:
- 1 funt tortellini z trójkolorowego sera, ugotowanego i schłodzonego
- 1 szklanka sera mozzarella, pokrojonego w kostkę
- 1/2 szklanki sera feta, pokruszonego
- 1/4 szklanki startego parmezanu
- 1 szklanka pomidorków koktajlowych, przekrojonych na połówki
- 1/4 szklanki czerwonej cebuli, drobno posiekanej
- 1/4 szklanki świeżej bazylii, posiekanej
- 1/3 szklanki sosu balsamicznego winegret

INSTRUKCJE:
a) W dużej misce wymieszaj tortellini, mozzarellę, fetę, parmezan, pomidorki koktajlowe, czerwoną cebulę i świeżą bazylię.
b) Sałatkę skrop balsamicznym winegretem i wymieszaj.
c) Przed podaniem przechowywać w lodówce co najmniej 1 godzinę.

45. Sałatka penne z pesto i suszonymi pomidorami

SKŁADNIKI:
- 2 szklanki makaronu penne, ugotowanego i ostudzonego
- 1/2 szklanki suszonych pomidorów, posiekanych
- 1/2 szklanki startego parmezanu
- 1/3 szklanki orzeszków piniowych, prażonych
- 1 szklanka szpinaku baby
- 1/2 szklanki sosu pesto
- Sól i pieprz do smaku

INSTRUKCJE:

a) W dużej misce wymieszaj makaron penne, suszone pomidory, parmezan, orzeszki piniowe i młody szpinak.
b) Dodaj sos pesto i mieszaj, aż wszystko zostanie dobrze pokryte.
c) Dopraw solą i pieprzem do smaku.
d) Przed podaniem schłodzić w lodówce co najmniej 1 godzinę.

46.Sałatka z makaronem Cheddar i brokułami Bowtie

SKŁADNIKI:
- 2 szklanki makaronu muszkowego, ugotowanego i ostudzonego
- 1 szklanka ostrego sera Cheddar, startego
- 1 szklanka różyczek brokułów, blanszowanych i posiekanych
- 1/4 szklanki czerwonej cebuli, drobno posiekanej
- 1/2 szklanki majonezu
- 2 łyżki białego octu
- 1 łyżka cukru
- Sól i pieprz do smaku

INSTRUKCJE:
a) W dużej misce wymieszaj makaron muszkowy, ser cheddar, brokuły i czerwoną cebulę.
b) W osobnej misce wymieszaj majonez, biały ocet, cukier, sól i pieprz.
c) Polej dressingiem makaron i mieszaj, aż pokryje się równomiernie.
d) Przed podaniem przechowywać w lodówce co najmniej 1 godzinę.

47. Sałatka z grillowanym tofu i makaronem sezamowym

SKŁADNIKI:
- 2 szklanki makaronu soba, ugotowanego i ostudzonego
- 1 blok bardzo twardego tofu, grillowanego i pokrojonego w kostkę
- 1 szklanka groszku, blanszowanego i pokrojonego w plasterki
- 1/2 szklanki startej marchewki
- 1/4 szklanki posiekanej zielonej cebuli
- 2 łyżki nasion sezamu, uprażonych
- 1/3 szklanki sosu sojowego
- 2 łyżki oleju sezamowego
- 1 łyżka octu ryżowego
- 1 łyżka miodu

INSTRUKCJE:
a) Grilluj tofu, aż pojawią się na nim ślady grillowania, a następnie pokrój je w kostkę.
b) W dużej misce połącz makaron soba, grillowane tofu, groszek cukrowy, posiekaną marchewkę, zieloną cebulę i nasiona sezamu.
c) W małej misce wymieszaj sos sojowy, olej sezamowy, ocet ryżowy i miód.
d) Polej sosem mieszankę makaronową i mieszaj, aż będzie dobrze pokryta.
e) Przed podaniem przechowywać w lodówce co najmniej 1 godzinę.

48. Sałatka z makaronem z grilla i szparagami

SKŁADNIKI:
- 2 szklanki makaronu muszkowego, ugotowanego i ostudzonego
- 1 funt przegrzebków, grillowanych
- 1 szklanka szparagów, grillowanych i posiekanych
- 1/4 szklanki suszonych pomidorów, posiekanych
- 1/4 szklanki świeżej bazylii, posiekanej
- 3 łyżki oliwy z oliwek extra virgin
- Sok z 2 cytryn
- Sól i pieprz do smaku

INSTRUKCJE:
a) Grilluj przegrzebki, aż będą widoczne ślady grillowania.
b) Grilluj szparagi do miękkości i pokrój je na kawałki wielkości kęsa.
c) W dużej misce wymieszaj makaron, grillowane przegrzebki, grillowane szparagi, suszone pomidory i świeżą bazylię.
d) W małej misce wymieszaj oliwę z oliwek i sok z cytryny.
e) Sosem polej mieszaninę makaronu i mieszaj, aż składniki dobrze się połączą.
f) Dopraw solą i pieprzem do smaku.
g) Przed podaniem przechowywać w lodówce co najmniej 1 godzinę.

49. Sałatka z makaronem z tuńczykiem i karczochami

SKŁADNIKI:
- 2 szklanki makaronu fusilli, ugotowanego i ostudzonego
- 1 puszka (6 uncji) tuńczyka, odsączonego i płatkowanego
- 1 szklanka pomidorków koktajlowych, przekrojonych na połówki
- 1/2 szklanki marynowanych serc karczochów, posiekanych
- 1/4 szklanki czarnych oliwek, pokrojonych w plasterki
- 2 łyżki kaparów
- 1/4 szklanki czerwonej cebuli, drobno posiekanej
- 2 łyżki posiekanej świeżej pietruszki
- 3 łyżki oliwy z oliwek
- 2 łyżki czerwonego octu winnego
- Sól i pieprz do smaku

INSTRUKCJE:
a) W dużej misce połącz makaron, tuńczyka, pomidorki koktajlowe, serca karczochów, oliwki, kapary, czerwoną cebulę i pietruszkę.
b) W małej misce wymieszaj oliwę z oliwek, ocet z czerwonego wina, sól i pieprz.
c) Sosem polej mieszaninę makaronu i mieszaj, aż składniki dobrze się połączą.
d) Przed podaniem przechowywać w lodówce co najmniej 1 godzinę.

50. Sałatka z makaronem z krewetkami i awokado

SKŁADNIKI:

- 2 szklanki makaronu penne, ugotowanego i ostudzonego
- 1 funt gotowanych krewetek, obranych i oczyszczonych
- 2 awokado, pokrojone w kostkę
- 1 szklanka pomidorków koktajlowych, przekrojonych na połówki
- 1/4 szklanki czerwonej cebuli, drobno posiekanej
- 1/4 szklanki świeżej kolendry, posiekanej
- Sok z 2 limonek
- 3 łyżki oliwy z oliwek
- Sól i pieprz do smaku

INSTRUKCJE:

a) W dużej misce połącz makaron, krewetki, awokado, pomidorki koktajlowe, czerwoną cebulę i kolendrę.
b) Skropić sokiem z limonki i oliwą z oliwek, następnie doprawić solą i pieprzem.
c) Mieszaj, aż dobrze się połączą.
d) Przed podaniem przechowywać w lodówce co najmniej 1 godzinę.

51.Sałatka z makaronem wędzonym łososiem i koperkiem

SKŁADNIKI:
- 2 szklanki makaronu rotini, ugotowanego i ostudzonego
- 4 uncje wędzonego łososia, posiekanego
- 1/2 szklanki ogórka, pokrojonego w kostkę
- 1/4 szklanki czerwonej cebuli, drobno posiekanej
- 2 łyżki kaparów
- 1/4 szklanki świeżego koperku, posiekanego
- 1/3 szklanki zwykłego jogurtu greckiego
- Sok z 1 cytryny
- Sól i pieprz do smaku

INSTRUKCJE:
a) W dużej misce połącz makaron, wędzonego łososia, ogórka, czerwoną cebulę, kapary i koperek.
b) W małej misce wymieszaj jogurt grecki i sok z cytryny.
c) Wlać mieszaninę jogurtu na makaron i mieszać, aż będzie dobrze pokryty.
d) Dopraw solą i pieprzem do smaku.
e) Przed podaniem przechowywać w lodówce co najmniej 1 godzinę.

52.Sałatka z makaronem z kraba i mango

SKŁADNIKI:
- 2 szklanki makaronu farfalle, ugotowanego i ostudzonego
- 1 funt kawałka mięsa krabowego, zebranego
- 1 mango, pokrojone w kostkę
- 1/2 szklanki czerwonej papryki, pokrojonej w kostkę
- 1/4 szklanki czerwonej cebuli, drobno posiekanej
- 1/4 szklanki świeżej kolendry, posiekanej
- Sok z 2 limonek
- 3 łyżki majonezu
- Sól i pieprz do smaku

INSTRUKCJE:
a) W dużej misce połącz makaron, kawałki mięsa kraba, mango, czerwoną paprykę, czerwoną cebulę i kolendrę.
b) W małej misce wymieszaj sok z limonki i majonez.
c) Sosem polej mieszaninę makaronu i mieszaj, aż składniki dobrze się połączą.
d) Dopraw solą i pieprzem do smaku.
e) Przed podaniem przechowywać w lodówce co najmniej 1 godzinę.

53. Sałatka z makaronem i owocami tropikalnymi

SKŁADNIKI:
- 2 szklanki makaronu fusilli, ugotowanego i ostudzonego
- 1/2 funta gotowanych krewetek, obranych i oczyszczonych
- 1 szklanka kawałków ananasa
- 1 szklanka mango, pokrojonego w kostkę
- 1/2 szklanki czerwonej papryki, pokrojonej w kostkę
- 1/4 szklanki czerwonej cebuli, drobno posiekanej
- 1/3 szklanki płatków kokosowych
- 3 łyżki soku z limonki
- 2 łyżki miodu
- Sól i pieprz do smaku

INSTRUKCJE:
a) W dużej misce połącz makaron, ugotowane krewetki, kawałki ananasa, mango, czerwoną paprykę, czerwoną cebulę i płatki kokosowe.
b) W małej misce wymieszaj sok z limonki i miód.
c) Polej dressingiem makaron i mieszaj, aż będzie dobrze pokryty.
d) Dopraw solą i pieprzem do smaku.
e) Przed podaniem przechowywać w lodówce co najmniej 1 godzinę.

54. Sałatka z makaronem z jagodami i fetą

SKŁADNIKI:
- 2 szklanki makaronu muszkowego, ugotowanego i ostudzonego
- 1 szklanka truskawek, pokrojona w plasterki
- 1/2 szklanki jagód
- 1/2 szklanki malin
- 1/2 szklanki sera feta, pokruszonego
- 1/4 szklanki świeżej mięty, posiekanej
- 3 łyżki glazury balsamicznej
- 3 łyżki oliwy z oliwek
- Sól i pieprz do smaku

INSTRUKCJE:
a) W dużej misce połącz makaron, truskawki, jagody, maliny, ser feta i świeżą miętę.
b) Skropić polewą balsamiczną i oliwą z oliwek.
c) Mieszaj, aż dobrze się połączą.
d) Dopraw solą i pieprzem do smaku.
e) Przed podaniem przechowywać w lodówce co najmniej 1 godzinę.

55. Sałatka z makaronem z cytrusami i awokado

SKŁADNIKI:
- 2 szklanki makaronu rotini, ugotowanego i ostudzonego
- 1 pomarańcza podzielona na segmenty
- 1 grejpfrut podzielony na segmenty
- 1 awokado, pokrojone w kostkę
- 1/4 szklanki czerwonej cebuli, drobno posiekanej
- 2 łyżki posiekanej świeżej kolendry
- 3 łyżki soku pomarańczowego
- 2 łyżki soku z limonki
- 3 łyżki oliwy z oliwek
- Sól i pieprz do smaku

INSTRUKCJE:
a) W dużej misce połącz makaron, cząstki pomarańczy, cząstki grejpfruta, pokrojone w kostkę awokado, czerwoną cebulę i kolendrę.
b) W małej misce wymieszaj sok pomarańczowy, sok z limonki i oliwę z oliwek.
c) Polej dressingiem makaron i mieszaj, aż będzie dobrze pokryty.
d) Dopraw solą i pieprzem do smaku.
e) Przed podaniem przechowywać w lodówce co najmniej 1 godzinę.

56.Sałatka z makaronem arbuzem i fetą

SKŁADNIKI:

- 2 szklanki makaronu penne lub makaronu, ugotowanego i ostudzonego
- 2 szklanki arbuza, pokrojonego w kostkę
- 1/2 szklanki ogórka, pokrojonego w kostkę
- 1/4 szklanki czerwonej cebuli, drobno posiekanej
- 1/2 szklanki sera feta, pokruszonego
- 2 łyżki posiekanej świeżej mięty
- 3 łyżki glazury balsamicznej
- 3 łyżki oliwy z oliwek
- Sól i pieprz do smaku

INSTRUKCJE:

a) W dużej misce połącz makaron, arbuz, ogórek, czerwoną cebulę, ser feta i świeżą miętę.
b) Skropić polewą balsamiczną i oliwą z oliwek.
c) Mieszaj, aż dobrze się połączą.
d) Dopraw solą i pieprzem do smaku.
e) Przed podaniem przechowywać w lodówce co najmniej 1 godzinę.

57.Sałatka z makaronem z mango i czarną fasolą

SKŁADNIKI:
- 2 szklanki makaronu farfalle, ugotowanego i ostudzonego
- 1 mango, pokrojone w kostkę
- 1 szklanka czarnej fasoli, opłukanej i odsączonej
- 1 szklanka prażonej kukurydzy (opcjonalnie)
- 1/2 szklanki czerwonej papryki, pokrojonej w kostkę
- 1/4 szklanki czerwonej cebuli, drobno posiekanej
- 2 łyżki posiekanej świeżej kolendry
- 3 łyżki soku z limonki
- 2 łyżki oliwy z oliwek
- 1 łyżeczka kminku
- Sól i pieprz do smaku

INSTRUKCJE:
a) W dużej misce połącz makaron, pokrojone w kostkę mango, czarną fasolę, kukurydzę, czerwoną paprykę, czerwoną cebulę i kolendrę.
b) W małej misce wymieszaj sok z limonki, oliwę z oliwek, kminek, sól i pieprz.
c) Polej dressingiem makaron i mieszaj, aż będzie dobrze pokryty.
d) Przed podaniem przechowywać w lodówce co najmniej 1 godzinę.

58. Sałatka z makaronem z jabłkami i orzechami włoskimi

SKŁADNIKI:
- 2 szklanki makaronu penne, ugotowanego i ostudzonego
- 2 jabłka, pokrojone w kostkę
- 1/2 szklanki selera, drobno posiekanego
- 1/4 szklanki orzechów włoskich, posiekanych i uprażonych
- 1/4 szklanki rodzynek
- 1/3 szklanki jogurtu greckiego
- 2 łyżki majonezu
- 1 łyżka miodu
- 1/2 łyżeczki cynamonu
- Sól dla smaku

INSTRUKCJE:
a) W dużej misce połącz makaron, pokrojone w kostkę jabłka, seler, orzechy włoskie i rodzynki.
b) W małej misce wymieszaj jogurt grecki, majonez, miód, cynamon i szczyptę soli.
c) Polej dressingiem makaron i mieszaj, aż będzie dobrze pokryty.
d) Przed podaniem przechowywać w lodówce co najmniej 1 godzinę.

59. Sałatka z makaronem z ananasem i szynką

SKŁADNIKI:

- 2 szklanki suszonego makaronu, ugotowanego i ostudzonego
- 1 szklanka kawałków ananasa
- 1/2 szklanki szynki, pokrojonej w kostkę
- 1/4 szklanki czerwonej papryki, pokrojonej w kostkę
- 1/4 szklanki posiekanej zielonej cebuli
- 1/3 szklanki majonezu
- 2 łyżki musztardy Dijon
- 1 łyżka miodu
- Sól i pieprz do smaku

INSTRUKCJE:

a) W dużej misce połącz makaron, kawałki ananasa, pokrojoną w kostkę szynkę, czerwoną paprykę i zieloną cebulę.
b) W małej misce wymieszaj majonez, musztardę Dijon, miód, sól i pieprz.
c) Polej dressingiem makaron i mieszaj, aż będzie dobrze pokryty.
d) Przed podaniem przechowywać w lodówce co najmniej 1 godzinę.

60. Sałatka z makaronem i cytrusami

SKŁADNIKI:
- 2 szklanki makaronu muszkowego, ugotowanego i ostudzonego
- 1 szklanka mieszanych owoców jagodowych (truskawki, jagody, maliny)
- 1 pomarańcza podzielona na segmenty
- 1/4 szklanki świeżej mięty, posiekanej
- 2 łyżki miodu
- 2 łyżki soku pomarańczowego
- 1 łyżka soku z limonki
- Sól dla smaku

INSTRUKCJE:

a) W dużej misce połącz makaron, mieszane jagody, cząstki pomarańczy i świeżą miętę.
b) W małej misce wymieszaj miód, sok pomarańczowy, sok z limonki i szczyptę soli.
c) Polej dressingiem makaron i mieszaj, aż będzie dobrze pokryty.
d) Przed podaniem przechowywać w lodówce co najmniej 1 godzinę.

61.Sałatka z kiwi, truskawek i makaronu Rotini

SKŁADNIKI:
- 2 szklanki makaronu rotini, ugotowanego i ostudzonego
- 1 szklanka truskawek, pokrojona w plasterki
- 2 kiwi, obrane i pokrojone w kostkę
- 1/4 szklanki migdałów, pokrojonych i uprażonych
- 2 łyżki dressingu makowego
- 2 łyżki jogurtu greckiego
- 1 łyżka miodu
- Sól dla smaku

INSTRUKCJE:
a) W dużej misce wymieszaj makaron, pokrojone truskawki, pokrojone w kostkę kiwi i prażone migdały.
b) W małej misce wymieszaj dressing makowy, jogurt grecki, miód i szczyptę soli.
c) Polej dressingiem makaron i mieszaj, aż będzie dobrze pokryty.
d) Przed podaniem przechowywać w lodówce co najmniej 1 godzinę.

62. Salsa Mango z Sałatką Z Makaronem Farfalle

SKŁADNIKI:
- 2 szklanki makaronu farfalle, ugotowanego i ostudzonego
- 1 mango, pokrojone w kostkę
- 1/2 szklanki czarnej fasoli, opłukanej i odsączonej
- 1/4 szklanki czerwonej papryki, pokrojonej w kostkę
- 1/4 szklanki czerwonej cebuli, drobno posiekanej
- 2 łyżki posiekanej świeżej kolendry
- 3 łyżki soku z limonki
- 2 łyżki oliwy z oliwek
- 1 łyżeczka kminku
- Sól i pieprz do smaku

INSTRUKCJE:
a) W dużej misce połącz makaron, pokrojone w kostkę mango, czarną fasolę, czerwoną paprykę, czerwoną cebulę i kolendrę.
b) W małej misce wymieszaj sok z limonki, oliwę z oliwek, kminek, sól i pieprz.
c) Polej dressingiem makaron i mieszaj, aż będzie dobrze pokryty.
d) Przed podaniem przechowywać w lodówce co najmniej 1 godzinę.

63. Sałatka z makaronem brzoskwiniowo-prosciutto

SKŁADNIKI:

- 2 szklanki makaronu fusilli, ugotowanego i ostudzonego
- 2 brzoskwinie, pokrojone w plasterki
- 1/4 szklanki prosciutto, pokrojonego w cienkie plasterki
- 1/2 szklanki kulek mozzarelli
- 1/4 szklanki czerwonej cebuli, drobno posiekanej
- 3 łyżki glazury balsamicznej
- 3 łyżki oliwy z oliwek
- Sól i pieprz do smaku

INSTRUKCJE:

a) W dużej misce połącz makaron, pokrojone brzoskwinie, prosciutto, kulki mozzarelli i czerwoną cebulę.
b) Skropić polewą balsamiczną i oliwą z oliwek.
c) Mieszaj, aż dobrze się połączą.
d) Dopraw solą i pieprzem do smaku.
e) Przed podaniem przechowywać w lodówce co najmniej 1 godzinę.

64. Sałatka z makaronem z jagodami i kozim serem

SKŁADNIKI:
- 2 szklanki makaronu penne, ugotowanego i ostudzonego
- 1 szklanka jagód
- 1/2 szklanki koziego sera, pokruszonego
- 1/4 szklanki migdałów, pokrojonych i uprażonych
- 2 łyżki miodu
- 2 łyżki octu balsamicznego
- 3 łyżki oliwy z oliwek
- Sól i pieprz do smaku

INSTRUKCJE:
a) W dużej misce połącz makaron, jagody, kozi ser i prażone migdały.
b) W małej misce wymieszaj miód, ocet balsamiczny, oliwę z oliwek, sól i pieprz.
c) Polej dressingiem makaron i mieszaj, aż będzie dobrze pokryty.
d) Przed podaniem przechowywać w lodówce co najmniej 1 godzinę.

65. Sałatka ze szpinakiem, groszkiem, malinami i makaronem spiralnym

SKŁADNIKI:
- 8 uncji makaronu spiralnego (trójkolorowego lub pełnoziarnistego dla dodania koloru i odżywiania)
- 2 szklanki świeżych liści szpinaku, umytych i podartych
- 1 szklanka świeżego lub mrożonego groszku, blanszowanego i ostudzonego
- 1 szklanka świeżych malin, umytych
- 1/2 szklanki sera feta, pokruszonego
- 1/4 szklanki czerwonej cebuli, drobno posiekanej
- 1/4 szklanki posiekanych świeżych liści mięty
- 1/4 szklanki posiekanych świeżych liści bazylii
- DO **DROSUNKU:**
- 1/4 szklanki oliwy z oliwek
- 2 łyżki octu balsamicznego
- 1 łyżka musztardy Dijon
- 1 łyżka miodu
- Sól i pieprz do smaku

INSTRUKCJE:

a) Ugotuj spiralny makaron zgodnie z instrukcją na opakowaniu. Odcedź i przelej zimną wodą, żeby szybko ostygło. Odłożyć na bok.

PRZYGOTOWAĆ DRESSING:

b) W małej misce wymieszaj oliwę z oliwek, ocet balsamiczny, musztardę Dijon, miód, sól i pieprz. Doprawić do smaku.

PRZYGOTOWANIE SAŁATKI:

c) W dużej misce wymieszaj ugotowany i ostudzony spiralny makaron, podarte liście szpinaku, blanszowany groszek, maliny, pokruszony ser feta, posiekaną czerwoną cebulę, miętę i bazylię.

d) Sosem polej składniki sałatki.

e) Delikatnie wymieszaj sałatkę, aby wszystkie składniki dobrze pokryły się sosem. Uważaj, aby nie zmiażdżyć malin.

f) Przykryj miskę sałatkową folią i włóż do lodówki na co najmniej 30 minut, aby smaki się przegryzły.

g) Przed podaniem delikatnie wstrząśnij sałatką. W razie potrzeby możesz udekorować dodatkowymi listkami mięty lub posypką fety.

66. Sałatka z makaronem z mandarynkami i migdałami

SKŁADNIKI:

- 2 szklanki makaronu rotini, ugotowanego i ostudzonego
- 1 puszka (11 uncji) mandarynek, odsączonych
- 1/2 szklanki posiekanych migdałów, uprażonych
- 1/4 szklanki posiekanej zielonej cebuli
- 3 łyżki octu ryżowego
- 2 łyżki sosu sojowego
- 2 łyżki oleju sezamowego
- 1 łyżka miodu
- Sól i pieprz do smaku

INSTRUKCJE:

a) W dużej misce połącz makaron, mandarynki, prażone migdały i zieloną cebulę.
b) W małej misce wymieszaj ocet ryżowy, sos sojowy, olej sezamowy, miód, sól i pieprz.
c) Polej dressingiem makaron i mieszaj, aż będzie dobrze pokryty.
d) Przed podaniem przechowywać w lodówce co najmniej 1 godzinę.

67. Sałatka z makaronem z przegrzebkami i szparagami

SKŁADNIKI:
- 2 szklanki makaronu gemelli, ugotowanego i ostudzonego
- 1 funt przegrzebków, smażonych
- 1 szklanka szparagów, blanszowanych i posiekanych
- 1/4 szklanki suszonych pomidorów, posiekanych
- 2 łyżki orzeszków piniowych, uprażonych
- 1/4 szklanki świeżej bazylii, posiekanej
- 3 łyżki oliwy z oliwek extra virgin
- Sok z 1 cytryny
- Sól i pieprz do smaku

INSTRUKCJE:
a) W dużej misce wymieszaj makaron, smażone przegrzebki, szparagi, suszone pomidory, orzeszki piniowe i bazylię.
b) W małej misce wymieszaj oliwę z oliwek i sok z cytryny.
c) Sosem polej mieszaninę makaronu i mieszaj, aż składniki dobrze się połączą.
d) Dopraw solą i pieprzem do smaku.
e) Przed podaniem przechowywać w lodówce co najmniej 1 godzinę.

68. Krewetki cytrynowo-czosnkowe i sałatka Orzo

SKŁADNIKI:
- 2 szklanki makaronu orzo, ugotowanego i ostudzonego
- 1 funt dużych krewetek, ugotowanych i obranych
- 1 szklanka pomidorków koktajlowych, przekrojonych na połówki
- 1/2 szklanki oliwek Kalamata, pokrojonych w plasterki
- 1/4 szklanki czerwonej cebuli, drobno posiekanej
- 2 łyżki posiekanej świeżej pietruszki
- Skórka i sok z 2 cytryn
- 3 łyżki oliwy z oliwek extra virgin
- Sól i pieprz do smaku

INSTRUKCJE:

a) W dużej misce połącz makaron orzo, gotowane krewetki, pomidorki koktajlowe, oliwki Kalamata, czerwoną cebulę i pietruszkę.

b) W małej misce wymieszaj skórkę z cytryny, sok z cytryny, oliwę z oliwek, sól i pieprz.

c) Polej dressingiem makaron i mieszaj, aż będzie dobrze pokryty.

d) Przed podaniem przechowywać w lodówce co najmniej 1 godzinę.

69. Fusilli czosnkowo-grzybowe z sałatką gruszkową

SKŁADNIKI:
- 1 brązowa cebula
- 2 ząbki czosnku
- 1 opakowanie pokrojonych w plasterki grzybów
- 1 saszetka przyprawy czosnkowo-ziołowej
- 1 opakowanie lekkiej śmietanki kuchennej
- 1 saszetka bulionu w proszku w stylu kurczaka
- 1 opakowanie fusilli (zawiera gluten; może zawierać: jaja, soję)
- 1 gruszka
- 1 torebka mieszanych liści sałat
- 1 opakowanie parmezanu
- Oliwa z oliwek
- 1,75 szklanki wrzącej wody
- Odrobina octu (balsamicznego lub białego wina)

INSTRUKCJE:
a) Zagotuj czajnik. Drobno posiekaj brązową cebulę i czosnek. Rozgrzej duży rondel na średnim ogniu z dużą ilością oliwy z oliwek. Smaż pokrojone grzyby i cebulę, od czasu do czasu mieszając, aż zmiękną, co zajmuje około 6-8 minut. Dodaj czosnek oraz przyprawę czosnkowo-ziołową i smaż, aż zacznie wydzielać zapach przez około 1 minutę.
b) Dodaj lekką śmietankę do gotowania, wrzącą wodę (1 3/4 szklanki na 2 osoby), bulion z kurczaka w proszku i fusilli. Mieszaj do połączenia i doprowadzaj do wrzenia. Zmniejsz ogień do średniego, przykryj pokrywką i gotuj, od czasu do czasu mieszając, aż makaron będzie „al dente", co zajmuje około 11 minut. Wymieszaj starty parmezan i dopraw do smaku solą i pieprzem.
c) W czasie gdy makaron się gotuje, pokrój gruszkę w cienkie plasterki. W średniej misce dodaj odrobinę octu i oliwy z oliwek. Sos posyp mieszanymi liśćmi sałat i gruszką. Doprawiamy i mieszamy do połączenia.
d) Rozłóż jednogarnkowe kremowe fusilli grzybowe pomiędzy miskami. Podawać z sałatką gruszkową. Ciesz się pysznym posiłkiem!

70. Sałatka śródziemnomorska z makaronem warzywnym

SKŁADNIKI:

- 2 szklanki makaronu penne, ugotowanego i ostudzonego
- 1 szklanka pomidorków koktajlowych, przekrojonych na połówki
- 1 ogórek, pokrojony w kostkę
- 1/2 szklanki oliwek Kalamata, pokrojonych w plasterki
- 1/4 szklanki czerwonej cebuli, drobno posiekanej
- 1/2 szklanki sera feta, pokruszonego
- 1/3 szklanki oliwy z oliwek z pierwszego tłoczenia
- 2 łyżki czerwonego octu winnego
- 1 łyżeczka suszonego oregano
- Sól i pieprz do smaku

INSTRUKCJE:

a) W dużej misce połącz makaron, pomidorki koktajlowe, ogórek, oliwki Kalamata, czerwoną cebulę i ser feta.
b) W małej misce wymieszaj oliwę z oliwek, ocet z czerwonego wina, suszone oregano, sól i pieprz.
c) Polej dressingiem makaron i mieszaj, aż będzie dobrze pokryty.
d) Przed podaniem przechowywać w lodówce co najmniej 1 godzinę.

71. Sałatka z pesto i warzywami z makaronem spiralnym

SKŁADNIKI:
- 2 szklanki makaronu spiralnego, ugotowanego i ostudzonego
- 1 szklanka pomidorków koktajlowych, przekrojonych na połówki
- 1/2 szklanki posiekanych serc karczochów
- 1/2 szklanki czarnych oliwek, pokrojonych w plasterki
- 1/4 szklanki czerwonej cebuli, drobno posiekanej
- 1/3 szklanki sosu pesto
- 3 łyżki startego parmezanu
- Sól i pieprz do smaku

INSTRUKCJE:
a) W dużej misce połącz makaron, pomidorki koktajlowe, serca karczochów, czarne oliwki i czerwoną cebulę.
b) Dodaj sos pesto i mieszaj, aż dobrze się wymiesza.
c) Sałatkę posypujemy tartym parmezanem.
d) Dopraw solą i pieprzem do smaku.
e) Przed podaniem przechowywać w lodówce co najmniej 1 godzinę.

72. Tęczowa sałatka z makaronem warzywnym

SKŁADNIKI:
- 2 szklanki makaronu muszkowego, ugotowanego i ostudzonego
- 1 szklanka różyczek brokułów, blanszowanych
- 1 szklanka papryki (różne kolory), pokrojonej w kostkę
- 1/2 szklanki pomidorków cherry, przekrojonych na połówki
- 1/4 szklanki czerwonej cebuli, drobno posiekanej
- 1/3 szklanki sosu włoskiego
- Świeża bazylia do dekoracji
- Sól i pieprz do smaku

INSTRUKCJE:
a) W dużej misce wymieszaj makaron, różyczki brokułów, paprykę, pomidorki koktajlowe i czerwoną cebulę.
b) Dodaj sos włoski i mieszaj, aż dobrze się nim pokryje.
c) Udekoruj świeżą bazylią.
d) Dopraw solą i pieprzem do smaku.
e) Przed podaniem przechowywać w lodówce co najmniej 1 godzinę.

73. Azjatycka sałatka z makaronem sezamowo-warzywnym

SKŁADNIKI:

- 2 szklanki makaronu soba, ugotowanego i ostudzonego
- 1 szklanka groszku śnieżnego, blanszowanego i pokrojonego w plasterki
- 1 szklanka startej marchewki
- 1/2 szklanki czerwonej papryki, pokrojonej w cienkie plasterki
- 1/4 szklanki posiekanej zielonej cebuli
- 2 łyżki nasion sezamu, uprażonych
- 1/3 szklanki sosu sojowego
- 2 łyżki octu ryżowego
- 1 łyżka oleju sezamowego
- 1 łyżka miodu

INSTRUKCJE:

a) W dużej misce wymieszaj makaron soba, groszek śnieżny, posiekaną marchewkę, czerwoną paprykę, zieloną cebulę i nasiona sezamu.
b) W małej misce wymieszaj sos sojowy, ocet ryżowy, olej sezamowy i miód.
c) Polej sosem mieszankę makaronową i mieszaj, aż będzie dobrze pokryta.
d) Przed podaniem przechowywać w lodówce co najmniej 1 godzinę.

74.Sałatka Grecka Orzo Jarzynowa

SKŁADNIKI:
- 2 szklanki makaronu orzo, ugotowanego i ostudzonego
- 1 szklanka ogórka, pokrojonego w kostkę
- 1 szklanka pomidorków koktajlowych, przekrojonych na połówki
- 1/2 szklanki oliwek Kalamata, pokrojonych w plasterki
- 1/4 szklanki czerwonej cebuli, drobno posiekanej
- 1/2 szklanki sera feta, pokruszonego
- 3 łyżki sosu greckiego
- Świeże oregano do dekoracji
- Sól i pieprz do smaku

INSTRUKCJE:
a) W dużej misce wymieszaj makaron orzo, ogórek, pomidorki koktajlowe, oliwki Kalamata, czerwoną cebulę i ser feta.
b) Dodaj sos grecki i mieszaj, aż dobrze się wymiesza.
c) Udekoruj świeżym oregano.
d) Dopraw solą i pieprzem do smaku.
e) Przed podaniem przechowywać w lodówce co najmniej 1 godzinę.

75. Sałatka z pieczonych warzyw i makaronu z ciecierzycy

SKŁADNIKI:

- 2 szklanki makaronu fusilli, ugotowanego i ostudzonego
- 1 szklanka pomidorków koktajlowych, przekrojonych na połówki
- 1 szklanka cukinii, pokrojonej w kostkę
- 1 szklanka papryki (różne kolory), pokrojonej w kostkę
- 1/2 szklanki czerwonej cebuli, drobno posiekanej
- 1 puszka (15 uncji) ciecierzycy, odsączona i opłukana
- 3 łyżki winegretu balsamicznego
- 3 łyżki oliwy z oliwek
- 2 łyżki posiekanej świeżej bazylii
- Sól i pieprz do smaku

INSTRUKCJE:

a) W dużej misce wymieszaj makaron, pomidorki koktajlowe, cukinię, paprykę, czerwoną cebulę i ciecierzycę.
b) W małej misce wymieszaj sos balsamiczny, oliwę z oliwek, bazylię, sól i pieprz.
c) Polej dressingiem makaron i mieszaj, aż będzie dobrze pokryty.
d) Przed podaniem przechowywać w lodówce co najmniej 1 godzinę.

76. Sałatka na zimno ze szpinakiem i karczochami

SKŁADNIKI:
- 2 szklanki makaronu rotini, ugotowanego i ostudzonego
- 1 szklanka liści szpinaku baby
- 1 szklanka posiekanych serc karczochów
- 1/2 szklanki pomidorków cherry, przekrojonych na połówki
- 1/4 szklanki czerwonej cebuli, drobno posiekanej
- 1/3 szklanki jogurtu greckiego
- 2 łyżki majonezu
- 2 łyżki startego parmezanu
- 1 łyżka soku z cytryny
- Sól i pieprz do smaku

INSTRUKCJE:
a) W dużej misce połącz makaron, młody szpinak, serca karczochów, pomidorki koktajlowe i czerwoną cebulę.
b) W małej misce wymieszaj jogurt grecki, majonez, parmezan, sok z cytryny, sól i pieprz.
c) Polej dressingiem makaron i mieszaj, aż będzie dobrze pokryty.
d) Przed podaniem przechowywać w lodówce co najmniej 1 godzinę.

77. Tajska Sałatka Warzywna Z Makaronem Orzechowym

SKŁADNIKI:
- 2 szklanki makaronu ryżowego, ugotowanego i ostudzonego
- 1 szklanka różyczek brokułów, blanszowanych
- 1 szklanka startej marchewki
- 1/2 szklanki czerwonej papryki, pokrojonej w cienkie plasterki
- 1/4 szklanki posiekanej zielonej cebuli
- 1/4 szklanki posiekanych orzeszków ziemnych
- 1/3 szklanki sosu orzechowego
- 2 łyżki sosu sojowego
- 1 łyżka soku z limonki
- 1 łyżka miodu

INSTRUKCJE:
a) W dużej misce połącz makaron ryżowy, różyczki brokułów, posiekaną marchewkę, czerwoną paprykę, zieloną cebulę i orzeszki ziemne.
b) W małej misce wymieszaj sos orzechowy, sos sojowy, sok z limonki i miód.
c) Polej sosem mieszankę makaronową i mieszaj, aż będzie dobrze pokryta.
d) Przed podaniem przechowywać w lodówce co najmniej 1 godzinę.

78. Sałatka Cezar z makaronem warzywnym

SKŁADNIKI:
- 2 szklanki makaronu muszkowego, ugotowanego i ostudzonego
- 1 szklanka pomidorków koktajlowych, przekrojonych na połówki
- 1 szklanka ogórka, pokrojonego w kostkę
- 1/2 szklanki czarnych oliwek, pokrojonych w plasterki
- 1/4 szklanki czerwonej cebuli, drobno posiekanej
- 1/4 szklanki startego parmezanu
- 1/4 szklanki grzanek, pokruszonych
- 1/2 szklanki sosu Cezar
- Świeża natka pietruszki do dekoracji
- Sól i pieprz do smaku

INSTRUKCJE:
a) W dużej misce wymieszaj makaron, pomidorki koktajlowe, ogórek, czarne oliwki, czerwoną cebulę, parmezan i pokruszone grzanki.
b) Dodaj sos Cezar i mieszaj, aż dobrze się wymiesza.
c) Udekoruj świeżą natką pietruszki.
d) Przed podaniem przechowywać w lodówce co najmniej 1 godzinę.

79.Sałatka z makaronem z homarem i mango

SKŁADNIKI:
- 2 szklanki makaronu penne, ugotowanego i ostudzonego
- 1 funt mięsa homara, ugotowanego i posiekanego
- 1 mango, pokrojone w kostkę
- 1/2 szklanki ogórka, pokrojonego w kostkę
- 1/4 szklanki czerwonej cebuli, drobno posiekanej
- 1/4 szklanki świeżej mięty, posiekanej
- Sok z 2 limonek
- 3 łyżki oliwy z oliwek extra virgin
- Sól i pieprz do smaku

INSTRUKCJE:
a) W dużej misce połącz makaron, mięso homara, mango, ogórek, czerwoną cebulę i miętę.
b) W małej misce wymieszaj sok z limonki, oliwę z oliwek, sól i pieprz.
c) Sosem polej mieszaninę makaronu i mieszaj, aż składniki dobrze się połączą.
d) Przed podaniem przechowywać w lodówce co najmniej 1 godzinę.

80.Śródziemnomorska Sałatka Z Makaronem Tzatziki Z Krewetkami

SKŁADNIKI:
- 2 szklanki makaronu fusilli, ugotowanego i ostudzonego
- 1 funt gotowanych krewetek, obranych i oczyszczonych
- 1 szklanka pomidorków koktajlowych, przekrojonych na połówki
- 1/2 szklanki ogórka, pokrojonego w kostkę
- 1/4 szklanki czerwonej cebuli, drobno posiekanej
- 1/3 szklanki oliwek Kalamata, pokrojonych w plasterki
- 1/2 szklanki pokruszonego sera feta
- 1/2 szklanki sosu tzatziki
- Świeży koperek do dekoracji
- Sól i pieprz do smaku

INSTRUKCJE:
a) W dużej misce połącz makaron, ugotowane krewetki, pomidorki koktajlowe, ogórek, czerwoną cebulę, oliwki i ser feta.
b) Dodaj sos tzatziki i mieszaj, aż dobrze się wymiesza.
c) Dopraw solą i pieprzem do smaku.
d) Udekoruj świeżym koperkiem.
e) Przed podaniem przechowywać w lodówce co najmniej 1 godzinę.

81. Sałatka z makaronem z krewetkami i pomidorami wiśniowymi

SKŁADNIKI:
- ¾ funtów krewetek, gotowanych na różowo, około 2 minut i odsączonych
- 12 uncji makaronu rotini

WARZYWA
- 1 cukinia, posiekana
- 2 żółte papryki, pokrojone w ćwiartki
- 10 pomidorków winogronowych przekrojonych na połówki
- ½ łyżeczki soli
- ½ białej cebuli, pokrojonej w cienkie plasterki
- ¼ szklanki czarnych oliwek, pokrojonych w plasterki
- 2 szklanki szpinaku baby

KREMOWY SOS
- 4 łyżki niesolonego masła
- 4 łyżki mąki uniwersalnej
- ½ łyżeczki soli
- 1 łyżeczka czosnku w proszku
- 1 łyżeczka proszku cebulowego
- 4 łyżki drożdży odżywczych
- 2 szklanki mleka
- 2 łyżki soku z cytryny

DO SERWOWANIA
- Czarny pieprz

INSTRUKCJE
MAKARON:
a) Przygotuj makaron al dente zgodnie z instrukcją na pudełku.
b) Odcedź, a następnie odłóż na bok.

WARZYWA:
c) Postaw patelnię na umiarkowanym ogniu i dodaj odrobinę oleju.
d) Od czasu do czasu mieszając, smaż cukinię, paprykę, cebulę i sól przez 8 minut.
e) Dodaj pomidory i gotuj przez kolejne 3 minuty lub do momentu, aż warzywa będą miękkie.
f) Dodaj szpinak i smaż przez około 3 minuty lub do momentu, aż zwiędnie.

KREMOWY SOS:
g) W garnku ustawionym na umiarkowanym ogniu rozpuść masło.
h) Dodać mąkę i delikatnie wymieszać, aż powstanie gładka pasta.
i) Dodać mleko i ponownie ubić.
j) Wymieszaj pozostałe składniki sosu i gotuj na wolnym ogniu przez około 5 minut.

ZŁOŻYĆ:
k) W misce połącz ugotowane krewetki, ugotowany makaron, warzywa, czarne oliwki i kremowy sos.
l) Udekoruj odrobiną mielonego czarnego pieprzu.

82.Sałatka z orzechowym tuńczykiem i makaronem

SKŁADNIKI:

- 1 główka brokułu, podzielona na różyczki
- 8 dużych czarnych oliwek, pokrojonych w plasterki
- 1 funt makaronu penne
- 1/2 szklanki kawałków orzechów włoskich, prażonych
- 1 funt świeżych steków z tuńczyka
- 4 ząbki czosnku, posiekane
- 1/4 szklanki wody
- 2 łyżki posiekanej świeżej natki pietruszki
- 2 łyżki świeżego soku z cytryny
- 4 filety z sardeli, opłukane
- 1/4 szklanki białego wina
- 3/4 szklanki oliwy z oliwek
- 4 średnie pomidory pokrojone w ćwiartki
- 1 funt sera mozzarella, pokrojonego w kostkę

INSTRUKCJE:

a) Ugotuj makaron zgodnie z instrukcją na opakowaniu.
b) Zagotuj osolony garnek wody. Gotuj w nim brokuły przez 5 minut. Wyjmij go z wody i odłóż na bok.
c) Postaw dużą patelnię na średnim ogniu. Wymieszaj tuńczyka z wodą, białym winem i sokiem z cytryny. załóż pokrywkę i gotuj, aż łosoś będzie gotowy, przez około 8 do 12 minut.
d) Filety z łososia panierujemy w kawałki.
e) Przygotuj dużą miskę do miksowania: wrzuć do niej ugotowanego łososia z brokułami, penne, rybą, pomidorami, serem, oliwkami, orzechami włoskimi, czosnkiem i natką pietruszki. Dobrze je wymieszaj.
f) Postaw dużą patelnię na średnim ogniu. Rozgrzej w nim olej. Anchois pokroić na małe kawałki. Smaż je na rozgrzanej patelni, aż roztopią się w oleju.
g) Wmieszaj mieszankę do sałatki z makaronem i dobrze wymieszaj. Podawaj od razu sałatkę z makaronem.

83. Polędwiczki z Kurczaka i Sałatka Farfalle

SKŁADNIKI:

- 6 jaj
- 3 zielone cebule, pokrojone w cienkie plasterki
- 1 (16 uncji) opakowanie makaronu farfalle (muszka).
- 1/2 czerwonej cebuli, posiekanej
- 1/2 (16 uncji) butelki sosu sałatkowego w stylu włoskim
- 6 kawałków kurczaka
- 1 ogórek, pokrojony w plasterki
- 4 serca sałaty rzymskiej, pokrojone w cienkie plasterki
- 1 pęczek rzodkiewek, obranych i pokrojonych w plasterki
- 2 marchewki, obrane i pokrojone w plasterki

INSTRUKCJE:

a) Jajka włóż do dużego rondla i zalej wodą. Gotuj jajka na średnim ogniu, aż zaczną się gotować.
b) Wyłącz ogień i pozostaw jajka na 16 minut. Przepłucz jajka zimną wodą, aby straciły ciepło.
c) Obierz jajka i pokrój je, a następnie odłóż na bok.
d) Umieść kawałki kurczaka w dużym rondlu. Zalej je 1/4 szklanki wody. Gotuj je na średnim ogniu, aż kurczak będzie gotowy.
e) Odcedź kawałki kurczaka i pokrój je na małe kawałki.
f) Przygotuj dużą miskę do miksowania: wrzuć do niej makaron, kurczaka, jajka, ogórek, rzodkiewki, marchewkę, zieloną cebulę i czerwoną cebulę. Dodać sos włoski i ponownie wymieszać.
g) Sałatkę wkładamy do lodówki na 1 h 15 minut.
h) Połóż serca sałat na talerzach. Rozłóż sałatkę pomiędzy nimi. Podawaj je od razu.
i) Cieszyć się.

84.Kremowa sałatka z makaronem Penn

SKŁADNIKI:
- 1 (16 uncji) pudełko makaronu mini penne
- 1/3 szklanki posiekanej czerwonej cebuli
- 1 1/2 funta posiekanego gotowanego kurczaka
- 1/2 (8 uncji) butelki kremowego sosu do sałatki Cezar
- 1/2 szklanki pokrojonej w kostkę zielonej papryki
- 2 jajka na twardo, posiekane
- 1/3 szklanki startego parmezanu

INSTRUKCJE:
a) Ugotuj makaron zgodnie z instrukcją na opakowaniu.
b) Przygotuj dużą miskę do miksowania: wrzuć do niej makaron, kurczaka, zieloną paprykę, jajka, parmezan i czerwoną cebulę.
c) Dodać dressing i dobrze wymieszać. Miskę przykrywamy i wstawiamy do lodówki na 2 h 15
d) minuty. Dopraw sałatkę i podawaj.
e) Cieszyć się.

85.Sałatka z Fety i Pieczonego Indyka

SKŁADNIKI:
- 1 1/2 szklanki oliwy z oliwek
- 3 szklanki ugotowanego makaronu penne
- 1/2 szklanki czerwonego octu winnego
- 1 litr pomidorów winogronowych, przekrojonych na pół
- 1 łyżka posiekanego świeżego czosnku
- 8 uncji pokruszony ser feta
- 2 łyżeczki suszonych liści oregano
- 1 (5 uncji) opakowanie mieszanki sałat wiosennych
- 3 szklanki pieczonej w piekarniku piersi z indyka, pokrojonej w grube plastry i kostkę
- 1/2 szklanki posiekanej włoskiej pietruszki
- 1/2 szklanki cienko pokrojonej czerwonej cebuli
- 1 (16 uncji) słoik pozbawionych pestek oliwek Kalamata, odsączonych i posiekanych

INSTRUKCJE:
a) Przygotuj małą miskę do miksowania: połącz w niej oliwę z oliwek, ocet, czosnek i oregano. Dobrze je wymieszaj, aby przygotować sos winegret.
b) Przygotuj dużą miskę do miksowania: wrzuć do niej resztę składników. Dodać dressing i ponownie wymieszać. Dopraw sałatkę i podawaj.
c) Cieszyć się.

86. Sałatka z makaronem orzechowym i kurczakiem

SKŁADNIKI:
- 6 plasterków boczku
- 1 (6 uncji) słoik marynowanych serc karczochów, odsączonych 10 włóczni szparagów, z przyciętymi końcówkami i grubo posiekanymi
- 1/2 opakowania rotini, łokcia lub penne 1 gotowana pierś z kurczaka, makaron pokrojony w kostkę
- 1/4 szklanki suszonej żurawiny
- 3 łyżki majonezu o niskiej zawartości tłuszczu
- 1/4 szklanki prażonych, pokrojonych migdałów
- 3 łyżki balsamicznego sosu winegret do sałatek
- sól i pieprz do smaku
- 2 łyżeczki soku z cytryny
- 1 łyżeczka sosu Worcestershire

INSTRUKCJE:

a) Postaw dużą patelnię na średnim ogniu. Smaż w nim boczek, aż stanie się chrupiący. Usuń go z nadmiaru tłuszczu. Rozdrobnij go i odłóż na bok.

b) Ugotuj makaron zgodnie z instrukcją na opakowaniu.

c) Przygotuj małą miskę do miksowania: połącz w niej majonez, balsamiczny winegret, sok z cytryny i sos Worcestershire. Dobrze je wymieszaj.

d) Przygotuj dużą miskę do miksowania: wrzuć do niej makaron z dressingiem. Dodać karczochy, kurczaka, żurawinę, migdały, pokruszony boczek i szparagi, szczyptę soli i pieprzu.

e) Dobrze je wymieszaj. Schłodź sałatkę w lodówce przez 1 godzinę 10 minut, a następnie podawaj.

f) Cieszyć się.

87. Sałatka Makaronowa Cezar z Kurczakiem

SKŁADNIKI:

- 2 szklanki makaronu rotini, ugotowanego i ostudzonego
- 1 funt grillowanej piersi z kurczaka, pokrojonej w plasterki
- 1 szklanka pomidorków koktajlowych, przekrojonych na połówki
- 1/2 szklanki czarnych oliwek, pokrojonych w plasterki
- 1/4 szklanki startego parmezanu
- 1/4 szklanki grzanek
- 1/2 szklanki sosu Cezar
- Świeża natka pietruszki do dekoracji
- Sól i pieprz do smaku

INSTRUKCJE:

a) W dużej misce połącz makaron, grillowanego kurczaka, pomidorki koktajlowe, czarne oliwki, parmezan i grzanki.
b) Dodaj sos Cezar i mieszaj, aż dobrze się wymiesza.
c) Udekoruj świeżą natką pietruszki.
d) Przed podaniem przechowywać w lodówce co najmniej 1 godzinę.

88. Sałatka z makaronem z indykiem i żurawiną

SKŁADNIKI:
- 2 szklanki makaronu fusilli, ugotowanego i ostudzonego
- 1 funt gotowanej piersi z indyka, pokrojonej w kostkę
- 1/2 szklanki suszonej żurawiny
- 1/4 szklanki czerwonej cebuli, drobno posiekanej
- 1/2 szklanki selera, drobno posiekanego
- 1/4 szklanki posiekanych orzechów pekan
- 1/2 szklanki majonezu
- 2 łyżki musztardy Dijon
- Sól i pieprz do smaku

INSTRUKCJE:
a) W dużej misce połącz makaron, pokrojony w kostkę indyk, suszoną żurawinę, czerwoną cebulę, seler i orzechy pekan.
b) W małej misce wymieszaj majonez, musztardę Dijon, sól i pieprz.
c) Polej dressingiem makaron i mieszaj, aż będzie dobrze pokryty.
d) Przed podaniem przechowywać w lodówce co najmniej 1 godzinę.

89. Sałatka cytrynowo-ziołowa z grillowanym kurczakiem i makaronem

SKŁADNIKI:
- 2 szklanki makaronu penne, ugotowanego i ostudzonego
- 1 funt grillowanej piersi z kurczaka, pokrojonej w plasterki
- 1 szklanka pomidorków koktajlowych, przekrojonych na połówki
- 1/2 szklanki ogórka, pokrojonego w kostkę
- 1/4 szklanki czerwonej cebuli, drobno posiekanej
- 1/4 szklanki sera feta, pokruszonego
- 2 łyżki posiekanej świeżej pietruszki
- Sok z 2 cytryn
- 3 łyżki oliwy z oliwek extra virgin
- Sól i pieprz do smaku

INSTRUKCJE:
a) W dużej misce połącz makaron, grillowanego kurczaka, pomidorki koktajlowe, ogórek, czerwoną cebulę, ser feta i pietruszkę.
b) W małej misce wymieszaj sok z cytryny, oliwę z oliwek, sól i pieprz.
c) Polej dressingiem makaron i mieszaj, aż będzie dobrze pokryty.
d) Przed podaniem przechowywać w lodówce co najmniej 1 godzinę.

90.Sałatka z makaronem z kurczakiem i bekonem

SKŁADNIKI:

- 2 szklanki makaronu muszkowego, ugotowanego i ostudzonego
- 1 funt grillowanej piersi z kurczaka, pokrojonej w kostkę
- 1/2 szklanki pomidorków cherry, przekrojonych na połówki
- 1/4 szklanki czerwonej cebuli, drobno posiekanej
- 1/2 szklanki boczku, ugotowanego i pokruszonego
- 1/4 szklanki startego sera Cheddar
- 1/2 szklanki sosu ranczo
- Szczypiorek do dekoracji
- Sól i pieprz do smaku

INSTRUKCJE:

a) W dużej misce połącz makaron, pokrojony w kostkę grillowany kurczak, pomidorki koktajlowe, czerwoną cebulę, bekon i posiekany ser cheddar.
b) Dodaj sos ranczo i mieszaj, aż dobrze się wymiesza.
c) Udekoruj szczypiorkiem.
d) Przed podaniem przechowywać w lodówce co najmniej 1 godzinę.

91. Sałatka z kurczakiem curry i makaronem mango

SKŁADNIKI:
- 2 szklanki dużego makaronu spiralnego lub makaronu farfalle, ugotowanego i ostudzonego
- 1 funt gotowanej piersi z kurczaka, posiekanej
- 1 mango, pokrojone w kostkę
- 1/2 szklanki czerwonej papryki, pokrojonej w kostkę
- 1/4 szklanki czerwonej cebuli, drobno posiekanej
- 1/4 szklanki rodzynek
- 1/4 szklanki posiekanych orzechów nerkowca
- 1/2 szklanki majonezu
- 1 łyżka curry w proszku
- Sól i pieprz do smaku

INSTRUKCJE:
a) W dużej misce połącz makaron, rozdrobnionego kurczaka, mango, czerwoną paprykę, czerwoną cebulę, rodzynki i orzechy nerkowca.
b) W małej misce wymieszaj majonez i curry.
c) Polej dressingiem makaron i mieszaj, aż będzie dobrze pokryty.
d) Dopraw solą i pieprzem do smaku.
e) Przed podaniem przechowywać w lodówce co najmniej 1 godzinę.

92. Sałatka Grecka z Kurczakiem I Orzo

SKŁADNIKI:
- 2 szklanki makaronu orzo, ugotowanego i ostudzonego
- 1 funt grillowanej piersi z kurczaka, pokrojonej w kostkę
- 1 szklanka pomidorków koktajlowych, przekrojonych na połówki
- 1/2 szklanki ogórka, pokrojonego w kostkę
- 1/4 szklanki czerwonej cebuli, drobno posiekanej
- 1/3 szklanki oliwek Kalamata, pokrojonych w plasterki
- 1/2 szklanki pokruszonego sera feta
- 1/4 szklanki posiekanej świeżej pietruszki
- 3 łyżki sosu greckiego
- Sól i pieprz do smaku

INSTRUKCJE:
a) W dużej misce wymieszaj makaron orzo, grillowanego kurczaka, pomidorki koktajlowe, ogórek, czerwoną cebulę, oliwki Kalamata, ser feta i pietruszkę.
b) Dodaj sos grecki i mieszaj, aż dobrze się wymiesza.
c) Dopraw solą i pieprzem do smaku.
d) Przed podaniem przechowywać w lodówce co najmniej 1 godzinę.

93. Sałatka z makaronem i kurczakiem i czarną fasolą

SKŁADNIKI:

- 2 szklanki makaronu rotini, ugotowanego i ostudzonego
- 1 funt grillowanej piersi z kurczaka, pokrojonej w plasterki
- 1 puszka (15 uncji) czarnej fasoli, przepłukana i odsączona
- 1 szklanka ziaren kukurydzy, ugotowanych (świeżych lub mrożonych)
- 1/2 szklanki czerwonej papryki, pokrojonej w kostkę
- 1/4 szklanki czerwonej cebuli, drobno posiekanej
- 1/4 szklanki świeżej kolendry, posiekanej
- Sok z 2 limonek
- 3 łyżki oliwy z oliwek
- 1 łyżeczka kminku
- Sól i pieprz do smaku

INSTRUKCJE:

a) W dużej misce połącz makaron, grillowanego kurczaka, czarną fasolę, kukurydzę, czerwoną paprykę, czerwoną cebulę i kolendrę.
b) W małej misce wymieszaj sok z limonki, oliwę z oliwek, kminek, sól i pieprz.
c) Sosem polej mieszaninę makaronu i mieszaj, aż składniki dobrze się połączą.
d) Przed podaniem przechowywać w lodówce co najmniej 1 godzinę.

94.Sałatka Makaronowa Z Kurczakiem Mango Curry

SKŁADNIKI:
- 2 szklanki makaronu penne, ugotowanego i ostudzonego
- 1 funt gotowanej piersi z kurczaka, posiekanej
- 1 mango, pokrojone w kostkę
- 1/2 szklanki czerwonej papryki, pokrojonej w kostkę
- 1/4 szklanki czerwonej cebuli, drobno posiekanej
- 1/4 szklanki złotych rodzynek
- 1/4 szklanki posiekanych orzechów nerkowca
- 1/2 szklanki majonezu
- 1 łyżka curry w proszku
- Sól i pieprz do smaku

INSTRUKCJE:
a) W dużej misce połącz makaron, rozdrobnionego kurczaka, mango, czerwoną paprykę, czerwoną cebulę, rodzynki i orzechy nerkowca.
b) W małej misce wymieszaj majonez i curry.
c) Polej dressingiem makaron i mieszaj, aż będzie dobrze pokryty.
d) Dopraw solą i pieprzem do smaku.
e) Przed podaniem przechowywać w lodówce co najmniej 1 godzinę.

95.Sałatka z makaronem i pesto z kurczakiem Caprese

SKŁADNIKI:
- 2 szklanki makaronu farfalle, ugotowanego i ostudzonego
- 1 funt grillowanej piersi z kurczaka, pokrojonej w plasterki
- 1 szklanka pomidorków koktajlowych, przekrojonych na połówki
- 1/2 szklanki świeżych kulek mozzarelli
- 1/4 szklanki świeżej bazylii, posiekanej
- 2 łyżki orzeszków piniowych, uprażonych
- 1/3 szklanki pesto bazyliowego
- 3 łyżki glazury balsamicznej
- Sól i pieprz do smaku

INSTRUKCJE:
a) W dużej misce wymieszaj makaron, grillowanego kurczaka, pomidorki koktajlowe, kulki mozzarelli, bazylię i orzeszki piniowe.
b) Dodaj pesto bazyliowe i mieszaj, aż dobrze się nim pokryje.
c) Skropić polewą balsamiczną i doprawić solą i pieprzem do smaku.
d) Przed podaniem przechowywać w lodówce co najmniej 1 godzinę.

96. Azjatycka sałatka z kurczakiem i makaronem sezamowym

SKŁADNIKI:
- 2 szklanki makaronu soba, ugotowanego i ostudzonego
- 1 funt grillowanej piersi z kurczaka, posiekanej
- 1 szklanka posiekanej kapusty
- 1/2 szklanki startej marchewki
- 1/4 szklanki czerwonej papryki, pokrojonej w cienkie plasterki
- 1/4 szklanki posiekanej zielonej cebuli
- 2 łyżki nasion sezamu, uprażonych
- 1/3 szklanki sosu sojowego
- 2 łyżki oleju sezamowego
- 1 łyżka octu ryżowego
- 1 łyżka miodu

INSTRUKCJE:
a) W dużej misce połącz makaron soba, posiekanego kurczaka, kapustę, marchewkę, czerwoną paprykę, zieloną cebulę i nasiona sezamu.
b) W małej misce wymieszaj sos sojowy, olej sezamowy, ocet ryżowy i miód.
c) Polej sosem mieszankę makaronową i mieszaj, aż będzie dobrze pokryta.
d) Przed podaniem przechowywać w lodówce co najmniej 1 godzinę.

97. Sałatka z makaronem z ziołami cytrynowymi i indykiem

SKŁADNIKI:

- 2 szklanki makaronu fusilli, ugotowanego i ostudzonego
- 1 funt gotowanej piersi z indyka, pokrojonej w kostkę
- 1 szklanka szparagów, blanszowanych i posiekanych
- 1/2 szklanki pomidorków cherry, przekrojonych na połówki
- 1/4 szklanki czerwonej cebuli, drobno posiekanej
- 1/4 szklanki sera feta, pokruszonego
- Skórka i sok z 2 cytryn
- 3 łyżki oliwy z oliwek extra virgin
- 2 łyżki posiekanej świeżej pietruszki
- Sól i pieprz do smaku

INSTRUKCJE:

a) W dużej misce wymieszaj makaron, pokrojony w kostkę indyk, szparagi, pomidorki koktajlowe, czerwoną cebulę i ser feta.
b) W małej misce wymieszaj skórkę z cytryny, sok z cytryny, oliwę z oliwek, sól i pieprz.
c) Polej dressingiem makaron i mieszaj, aż będzie dobrze pokryty.
d) Udekoruj świeżą natką pietruszki.
e) Przed podaniem przechowywać w lodówce co najmniej 1 godzinę.

98. Sałatka z makaronem i pesto z kurczaka i brokułów

SKŁADNIKI:
- 2 szklanki makaronu penne, ugotowanego i ostudzonego
- 1 funt grillowanej piersi z kurczaka, pokrojonej w plasterki
- 1 szklanka różyczek brokułów, blanszowanych
- 1/4 szklanki suszonych pomidorów, posiekanych
- 1/4 szklanki orzeszków piniowych, prażonych
- 1/2 szklanki startego parmezanu
- 1/3 szklanki pesto bazyliowego
- 3 łyżki oliwy z oliwek extra virgin
- Sól i pieprz do smaku

INSTRUKCJE:
a) W dużej misce połącz makaron, grillowanego kurczaka, brokuły, suszone pomidory, orzeszki piniowe i parmezan.
b) Dodaj pesto bazyliowe i oliwę z oliwek, mieszaj, aż składniki dobrze się połączą.
c) Dopraw solą i pieprzem do smaku.
d) Przed podaniem przechowywać w lodówce co najmniej 1 godzinę.

99. Sałatka z Makaronem i Kurczakiem Buffalo

SKŁADNIKI:

- 2 szklanki makaronu rotini, ugotowanego i ostudzonego
- 1 funt gotowanej piersi z kurczaka, posiekanej
- 1/2 szklanki selera, drobno posiekanego
- 1/4 szklanki czerwonej cebuli, drobno posiekanej
- 1/4 szklanki pokruszonego sera pleśniowego
- 1/3 szklanki sosu bawolego
- 1/4 szklanki sosu ranczo
- Świeży szczypiorek do dekoracji
- Sól i pieprz do smaku

INSTRUKCJE:

a) W dużej misce połącz makaron, posiekanego kurczaka, seler, czerwoną cebulę i pokruszone sery pleśniowe.
b) W małej misce wymieszaj sos bawoly i sos ranczo.
c) Polej dressingiem makaron i mieszaj, aż będzie dobrze pokryty.
d) Udekoruj świeżym szczypiorkiem.
e) Przed podaniem przechowywać w lodówce co najmniej 1 godzinę.

100. Sałatka Makaronowa z Kurczakiem Żurawinowo-Orzechowym

SKŁADNIKI:
- 2 szklanki makaronu farfalle, ugotowanego i ostudzonego
- 1 funt gotowanej piersi z kurczaka, pokrojonej w kostkę
- 1/2 szklanki suszonej żurawiny
- 1/4 szklanki orzechów włoskich, posiekanych i uprażonych
- 1/2 szklanki selera, drobno posiekanego
- 1/4 szklanki czerwonej cebuli, drobno posiekanej
- 1/2 szklanki majonezu
- 2 łyżki musztardy Dijon
- Sól i pieprz do smaku

INSTRUKCJE:
a) W dużej misce połącz makaron, pokrojonego w kostkę kurczaka, suszoną żurawinę, orzechy włoskie, seler i czerwoną cebulę.
b) W małej misce wymieszaj majonez, musztardę Dijon, sól i pieprz.
c) Polej dressingiem makaron i mieszaj, aż będzie dobrze pokryty.
d) Przed podaniem przechowywać w lodówce co najmniej 1 godzinę.

WNIOSEK

Kiedy dochodzimy do końca „KSIĄŻKA KUCHENNA Z SAŁATKAMI RĘCZNIE ROBIONE ANTIPASTO", mamy nadzieję, że podobało Ci się odkrywanie różnorodnych inspiracji sałatkami antipasto z wybrzeży Włoch, Grecji i nie tylko. Od klasycznych ulubionych dań, takich jak sałatka Caprese i sałatka grecka, po pomysłowe kreacje z nieoczekiwanymi połączeniami smakowymi i innowacyjnymi składnikami – te przepisy oferują kuszący wgląd w bogate tradycje kulinarne Morza Śródziemnego.

Zachęcamy do eksperymentowania z różnymi składnikami, teksturami i smakami, aby stworzyć własne, charakterystyczne sałatki antipasto, które odzwierciedlają Twój osobisty gust i styl. W końcu piękno kuchni śródziemnomorskiej tkwi w jej prostocie, wszechstronności i nacisku na świeże, sezonowe składniki.

Dziękujemy, że dołączyłeś do nas w tej pysznej podróży. Niech Twoją kuchnię wypełni aromat oliwy, czosnku i ziół, a każdy kęs sałatki antipasto przeniesie Cię na zalany słońcem taras z widokiem na Morze Śródziemne. Budzenia apetytu!

www.ingramcontent.com/pod-product-compliance
Lightning Source LLC
Chambersburg PA
CBHW050353120526
44590CB00015B/1679